作者简介

张红春，男，46岁，工学博士，高级工程师。工作单位为河南省交通运输厅高速公路管理局。先后参与了河南省多条高速公路的建设管理。出版专著8本，发表论文十余篇。主持及参与的课题获两项河南科技进步二等奖，一项河南省交通运输厅科技进步一等奖。起草了三项国家级工法，六项省部级工法。主编了河南省地方标准《高速公路沥青路面预防性养护技术规范》、《高速公路桥涵预防性养护技术规范》、《高速公路隧道预防性养护技术规范》，主编了中华人民共和国行业标准《城市道路彩色沥青混凝土路面技术规程》。

电子信箱：Zhang_hcxx@126.com
1057669897@qq.com

探地雷达进行检测路面裂缝

基层焊接

施工后表面图

环氧类焊接材料

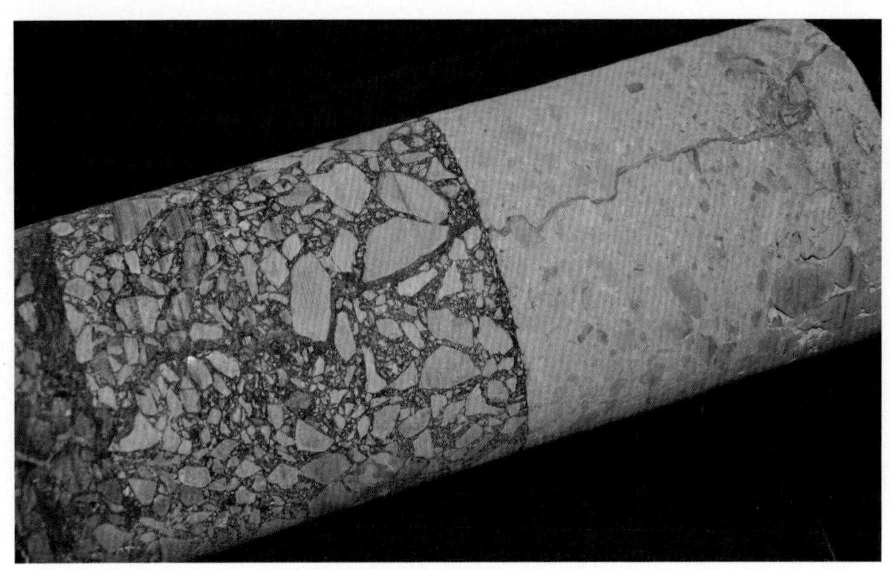

反射裂缝焊接（窄缝）

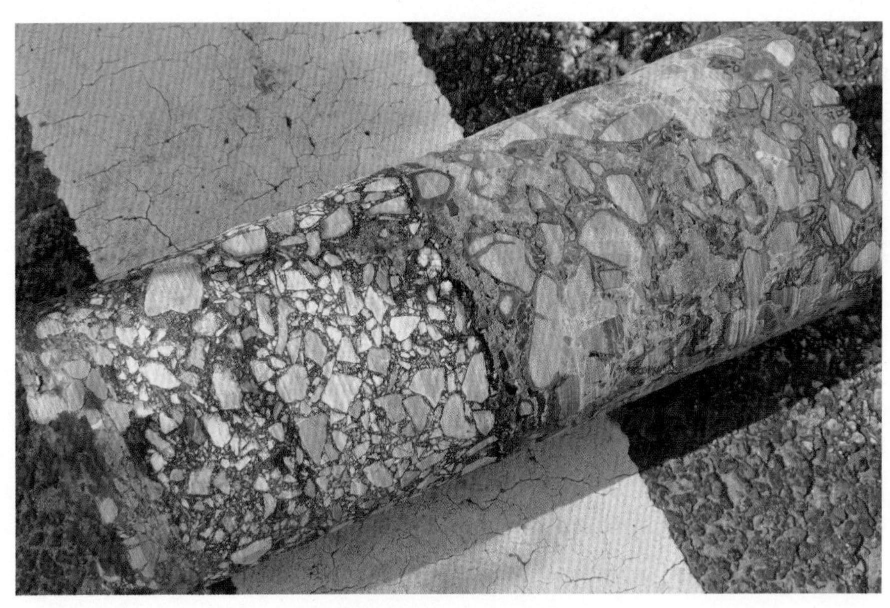

反射裂缝焊接（基层有松散）

a) b)

裂缝焊接料进入层间

反射裂缝焊接（沥青面层与基层有脱空）

高速公路路面裂缝全深度处治

(裂缝焊接)成套技术

张红春　付建红　刘澜波　代中利　李红亮　著
张良奇　杨兴旺　胡春杰　主审

人民交通出版社股份有限公司
China Communications Press Co.,Ltd.

内 容 提 要

裂缝焊接技术,学名为裂缝全深度处治技术。本书介绍了路面裂缝无损检测技术、半刚性基层沥青路面裂缝发展规律、裂缝评价、路面裂缝焊接技术、裂缝特殊焊接技术、裂缝焊接技术应用等,并详细论述了与路面裂缝焊接技术相关的裂缝焊接材料、裂缝焊接设备、路面裂缝焊接施工工艺、裂缝焊接施工质量控制与检测。

本书可供从事公路工程建设及养护的技术人员使用,亦可供高校相关专业师生及科研单位技术人员参考学习。

图书在版编目(CIP)数据

高速公路路面裂缝全深度处治(裂缝焊接)成套技术/张红春等著. — 北京 : 人民交通出版社股份有限公司,2014.7

ISBN 978-7-114-11502-8

Ⅰ. ①高… Ⅱ. ①张… Ⅲ. ①高速公路 - 沥青路面 - 路面开裂 - 缝焊 - 成套技术 Ⅳ. ①U418.6

中国版本图书馆 CIP 数据核字(2014)第 141085 号

Gaosu Gonglu Lumian Liefeng Quanshendu Chuzhi (Liefeng Hanjie) Chengtao Jishu

书　　名: 高速公路路面裂缝全深度处治(裂缝焊接)成套技术
著 作 者: 张红春　付建红　刘澜波　代中利　李红亮
责任编辑: 赵瑞琴
出版发行: 人民交通出版社股份有限公司
地　　址: (100011)北京市朝阳区安定门外外馆斜街 3 号
网　　址: http://www.ccpress.com.cn
销售电话: (010)59757973
总 经 销: 人民交通出版社股份有限公司发行部
经　　销: 各地新华书店
印　　刷: 北京市密东印刷有限公司
开　　本: 787 ×1092　1/16
印　　张: 5.25
插　　页: 2
字　　数: 121 千
版　　次: 2014 年 7 月　第 1 版
印　　次: 2014 年 7 月　第 1 次印刷
书　　号: ISBN 978-7-114-11502-8
定　　价: 28.00 元
(有印刷、装订质量问题的图书由本公司负责调换)

前　言

20 世纪 60 年代，石灰稳定土基层渣油路面在我国开始应用，并成为当时公路界三大重要科技成果之一。进入 20 世纪 70 年代以后，水泥、石灰、粉煤灰等无机结合料稳定粒料基层成为主流，形成了半刚性基层沥青路面技术的雏形。从 20 世纪 80 年代至今，经过“六五”、“七五”、“八五”科技攻关项目的研究，半刚性基层沥青路面结构成套技术逐渐形成，成为我国高速公路主要的路面结构形式。现在，我国已建成的高速公路 95% 以上都是半刚性基层沥青路面，可以毫不夸张地讲，我国高速公路的发展史就是半刚性基层沥青路面的发展史。

半刚性基层沥青路面有诸多优点，但有一个致命缺陷是裂缝无法避免。另外，前几年由于受规范的限制和对规范理解上的偏差，盲目追求半刚性基层高强度、高模量，同时，为追求取芯的过分完整和密实，拼命加大水泥剂量、增加细料含量，加剧了水泥稳定碎石基层反射裂缝的增多。

对于反射裂缝，过去一般采用灌缝或抗裂贴等，只能解决短期封水问题，而不能从根本上治愈裂缝。裂缝焊接打破了过去传统的思维模式，采用独特的施工工艺，对裂缝进行全深度处治，从而将断开的路面裂缝有效连接为一个整体，对路面的裂缝进行结构性的修复。

所以，称裂缝焊接技术为技术革命并不过分。

目前，河南省地方标准已经将裂缝焊接技术列入《高速公路沥青路面预防性养护技术规范》，但是还没有相关的行业标准或国家标准。以张红春博士为带头人的本书编写团队，致力于高速公路裂缝研究，正在申报裂缝焊接的国家工程标准和产品标准。相信不久的将来，裂缝焊接技术将在我国推广应用，从而从根本上解决我国半刚性基层沥青路面的裂缝问题。

目　录

第1章 绪　　论

1.1 背景

20世纪60年代,石灰稳定土基层渣油路面在我国开始应用,并成为当时公路界三大重要科技成果之一。进入20世纪70年代以后,水泥、石灰、粉煤灰等无机结合料稳定粒料基层成为主流,形成了半刚性基层沥青路面技术的雏形。从20世纪80年代至今,经过"六五"、"七五"、"八五"科技攻关项目的研究,半刚性基层沥青路面结构成套技术逐渐形成,成为我国高速公路主要的路面结构形式。现在,我国已建成的高速公路95%以上都是半刚性基层沥青路面。

我国是一个发展中国家,经济条件有限,又要大力发展公路建设,选择半刚性沥青路面结构无疑是一个技术上可行、经济上合理的技术方案。

第一,我国沥青质量不好,主要是含蜡量高(现在含蜡量虽然降低了,但该指标一直不稳定),且产量低、价格高。

第二,我国原材料质量较差,通过采用无机结合料稳定的方法,可以降低对原材料的技术要求,并能保证一定的强度。

第三,采用半刚性基层可以减薄沥青面层的厚度,从而达到降低沥青路面造价的目的,解决初期投资短缺的矛盾。

1.1.1 半刚性基层路面的优点

(1)强度高

半刚性基层具有较高的强度,且强度随龄期不断增长。同时,具有较小的弯沉和较强的荷载分布能力。

(2)稳定性好

半刚性基层材料具有较高结构稳定性,随着寿命的增加,不影响半刚性基层的承载能力。

(3)刚性大

水泥稳定碎石混合料基层抗压回弹模量值很高,因而其上沥青面层弯拉应力相应减少,从而提高了沥青面层的耐久性。

(4)建设成本低

半刚性基层可以就地取材,水泥、石灰、粉煤灰、石料等筑路材料当地一般都能供应,所以成本较低,可节约高速公路造价。

1.1.2 半刚性基层路面的缺点

沈金安在《国外沥青路面设计方法总汇》中对半刚性基层的缺陷描述如下:

(1)半刚性基层的收缩裂缝及由此引起的沥青路面反射裂缝不同程度的存在。

(2)半刚性基层非常致密,水从各种途径进入路面并到达基层后,不能从基层迅速排走,只能沿沥青层和基层的界面扩散、积聚,造成路面破坏。

(3)半刚性基层材料的强度、模量,会由于干湿和冻融循环,在反复荷载的作用下,因疲劳而逐渐衰减。

(4)半刚性基层沥青路面对重载车来说,具有更大的轴载敏感性。

(5)半刚性基层损坏后没有自愈能力,且无法进行修补。

1.1.3 半刚性基层路面缺陷分析

从世界范围上,半刚性基层并没用"绝迹",南非、前苏联、包括欧洲发达国家的中低交通路面,一直在使用半刚性基层,并没有发生类似我国的高速公路早期破坏现象,所以,把目前我国高速公路的早期破坏现象完全归咎于半刚性基层是不客观的。

目前,半刚性基层路面的突出问题是裂缝,其他的问题大都是由于裂缝衍生出来的。我们只要抓住问题的本质,在解决裂缝上下功夫,解决了裂缝问题,半刚性基层路面仍具有强大的生命力,完全可以与柔性基层、全厚式沥青路面抗衡,仍将继续为我国的高速公路发展作出贡献。

目前,运营时期高速公路裂缝处治主要存在以下问题:

(1)裂缝处治技术存在的缺陷

目前,高速公路处治裂缝大多采用灌缝或抗裂贴等,对于全厚式沥青路面裂缝是从上往下产生和发展的,采用灌缝技术基本上能处治好裂缝;但是,我国的高速公路基层为半刚性基层,裂缝是从下往上发展,传统的灌缝技术只能解决封水问题,而不能从根本上治愈裂缝。

(2)灌缝材料存在的缺陷

目前的灌缝材料基本上是沥青材料或沥青材料的复合品,没有渗透性和膨胀性,封水效果差。

(3)灌缝后寿命短,要反复灌缝

由于裂缝处治技术和材料存在缺陷,灌缝后只能维持很短的时间,一条缝要反复处理,要耗费极大的人力、财力。

(4)灌缝设备存在的缺陷

目前的灌缝设备还处于产品的初级阶段,极少使用先进的智能技术、液压技术、控制技术等。

1.2 国内外现状

1.2.1 国内半刚性基层沥青路面裂缝技术的研究主要在两个方面:

第一,建设期,应尽最大努力减少裂缝。

第二,使用期,应尽早、科学、合理地处治裂缝。

(1)高速公路建设期

近期,我国半刚性基层技术取得了如下突破性进展。

①水泥稳定碎石基层混合料振动成型技术的诞生,有效地解决了水泥稳定碎石基层裂

缝问题。

②骨架密实结构研究和应用日趋成熟。

据测算,采用上述两种技术:水泥稳定碎石基层干缩裂缝能减少70%,温缩裂缝能减少40%~60%,早期裂缝约能减少60%。反射裂缝爆发期至少会推迟2~3年,通车8~10年裂缝总量较过去要减少30%~60%。

(2)高速公路使用期

由于振动成型技术和骨架密实结构的使用,在建设期半刚性基层的裂缝得到了有效控制,但是基于半刚性基层的本质特性,裂缝无法杜绝,进入运营后仍会继续产生裂缝。我国的半刚性基层高速公路路面一般从通车后的第3~4年开始出现反射裂缝,第5年大面积暴发,随后不停地出现新裂缝,直到基层寿命到期为止。

我国目前对半刚性基层沥青路面裂缝的处治方法主要有灌缝和贴抗裂贴。这两种传统的高速公路处治裂缝方法科学吗?裂缝病害得到有效控制了吗?我们可以通过了解国内外裂缝处治现状回答这些问题。

1.2.2 国外现状

由于国外发达国家的路面结构大多为全厚式沥青路面,路面裂缝主要是从上往下发展的疲劳裂缝。所以,国外对裂缝的研究主要是针对疲劳裂缝,在理论上和处治方法上都是围绕疲劳裂缝进行。

1.2.3 国内现状

我国的高速公路主要结构形式是半刚性基层沥青路面,裂缝主要是从下往上发展(Top-Down),即从半刚性基层产生裂缝,然后向沥青面层发展,俗称反射裂缝。

(1)目前我国的裂缝处治工艺大多是从国外引进的,比如开槽灌缝、压力灌缝、抗裂贴等。对于全厚式沥青路面,裂缝是从上往下产生和发展,采用灌缝技术基本上能处治好裂缝;但是,我国的高速公路基层为半刚性基层,裂缝是从下往上发展,传统的灌缝技术只能解决封水问题,而不能从根本上治愈裂缝。

(2)目前,我国对裂缝处治的研究主要偏重于材料研究,自主开发了许多新材料,也从国外引进了许多新材料,但是并没有解决我国高速公路的裂缝病害,主要原因是没有考虑国情,没有针对半刚性基层沥青路面的反射裂缝,如果变革施工工艺,可能解决裂缝的结构性破坏问题。

(3)传统的路面裂缝分类方法存在问题,《公路技术状况评定标准》(JTG H20—2007)对裂缝的分类存在下列问题:传统的裂缝分级标准,仅考虑裂缝宽度,没有考虑裂缝的位置、深度、危害程度,没有反映裂缝产生的原因。

(4)裂缝检测技术滞后,目前雷达技术发展很快,但我国对路面裂缝的检测研究很少,不能有效指导施工。

(5)常规的灌缝施工不对裂缝病害进行无损检测,对裂缝的深度及所处的层位不明确,不对裂缝病害进行分类,采用统一的灌缝工艺,施工效果差。

(6)灌缝施工结束后,只对灌缝的表面进行检测,不检测灌缝料灌入的深度和密实度,施工质量检测不全面。

(7)由于常规的灌缝材料为沥青材料、沥青材料的复合品、珪酮胶(玻璃胶)等,与沥青路面的沥青混凝土和半刚性基层的水泥稳定碎石材料差别较大,灌入的灌缝材料与路面沥青面层和基层热胀冷缩不一致,灌好的缝易开裂,灌缝后只能维持很短的时间,一条缝要反复处理,要耗费极大的人力、财力。

1.2.4 裂缝检测研究

裂缝是路基路面等构筑物最常见的安全隐患,所以有必要从裂缝检测入手,因此必须研究探地雷达的理论与应用。诸多学者在裂缝检测方面做了大量的研究和探索。

牛永田等(2004 年)对混凝土坝裂缝产生的机理进行分析时提出了三大类不同的裂缝。

夏惠芬等早在 1996 年就以拟三维模型对垂直裂缝几何形态进行数值模拟,并对影响因素进行了分析。该文利用拉格朗日公式并结合虚功原理,推导出了反映裂缝长度的能量方程,建立了拟三维模型。这方面的研究有三个前提条件:①裂缝的两翼需要对称;②裂缝在垂直平面内符合平面应变条件;③压裂液在裂缝内的流动为一维流动。而这三个条件在实际中很难得以满足,从检测的角度分析,其实用价值受到了很大的影响。

刘江平等(2002 年,2004 年)在建立垂直裂缝反射波运动学数学模型的基础上,对垂直裂缝模型进行了数值模拟和超声波物理模拟,并对计算结果作了综合讨论和分析。该方法从射线理论的角度充分阐述了裂缝在地震波场中所形成的特征及其本质,并在实际运用中起到一定的效果。但是,该方法需要一个比较苛刻的前提,即需要一个深度适中的底界面,这大大地影响了实际运用的推广。

聂立新(2000 年)研究了深部垂直裂缝方位的确定原则。

贺振华等(2001 年)利用垂直定向裂缝模型和 MTS 岩石物性测试系统,测试了不同材料和不同状态裂缝模型的地震特征响应,结果表明,利用地震波的振幅衰减等属性参数检测裂缝特征比利用速度参数更有效。

罗杰等(2004 年) 利用探地雷达检测技术,对壁可法修补裂缝的效果进行了评价。

曾昭英等(2004 年)对矩形油藏垂直裂缝试井,进行了数学模拟及应用分析,为油藏垂直裂缝井试井资料的解释提供了理论依据和分析方法。

另外,李成香等(2004 年)阐述了探地雷达在宜黄高速公路路面裂缝检测中的应用,并对公路路基变形程度提出四种划分标准。

薛国新等(2003 年)实现了基于最小矩理论的计算机裂缝自动识别方法。

岳建华等(1999 年)利用超吸收边界条件在探地雷达剖面正演中能有效地减小截断边界的伪反射,提高计算精度。

何兵寿等(2000 年)在探地雷达正演中得到的结论表明,理想频散关系能真实地反映雷达波在地下介质中的传播规律,超吸收边界条件能有效减小截断边界的伪反射,提高正演精度。

孟美丽等(2002 年)采用回波模拟法对探地雷达脉冲波在路面结构层介质中的反射波进行了模拟合成。

孙洪星等(1999 年)从电磁波传播的麦克斯韦方程出发,较为系统地研究和分析了雷达脉冲电磁波在有耗介质中传播的衰减特性,对研究雷达脉冲电磁波在地下有耗介质中的传播机制有一定的指导意义。

1.3 本书主要研究内容

1.3.1 研究的主要内容

(1)裂缝无损检测技术研究

利用探地雷达和三维成像技术,开发裂缝无损检测分析软件,实现对基层和沥青面层裂缝的精确检测。

①从电磁波的散射理论出发,研究裂缝等异常体在不同情况下的波场特征和识别方法,指导数值模拟和物理模拟。

②建立裂缝等大量的数学和物理模型,进行数值模拟和物理模拟,系统总结电磁波的波场特征。

③现场试验,与数值模拟和物理模拟结果进行对比,了解实际裂缝、脱空等的电磁波响应特征和识别方法。

(2)半刚性基层沥青路面裂缝发展规律研究

利用裂缝无损检测技术,开展半刚性基层沥青路面裂缝的产生及发展规律研究,探寻不同条件下、不同结构的半刚性基层沥青路面裂缝的产生及发展规律。

(3)裂缝评价研究

传统的裂缝评价仅以裂缝宽度为标准进行评价,没有考虑裂缝的深度、危害程度。拟研究的裂缝评价方法考虑了裂缝产生的原因、裂缝的深度、危害程度等。

(4)路面裂缝焊接技术研究

路面裂缝焊接技术与传统的灌缝技术最大的区别是,采用路面裂缝焊接技术可将裂缝两端断开的道路连接为一个整体,而传统的灌缝技术只有封水的作用,不能治愈裂缝,只治标不治本。新的路面裂缝焊接技术,既治标又治本,是一种革命性的处治路面裂缝的新技术。

(5)隐性裂缝处理技术研究

在基层已开裂,但裂缝没有反射到沥青面层的情况下,对基层裂缝进行处理。

(6)焊接材料研究

开展新的裂缝处治材料研究,该裂缝处治材料——焊接材料,不但有封水的作用,更主要的是,裂缝处治材料具有治愈裂缝的功能,通过一次裂缝处理,使断开的路面有效成为一体整体,大大提高路面结构性能,延长路面寿命。

(7)焊接设备研究

新的焊接设备,大量采用智能和液压控制技术,设备性能更优秀,施工效果更佳。

1.3.2 技术路线

研究主要采用理论分析和现场试验数据研究相互结合,互为补充的方法。通过理论分析,在新施工理念的基础上,针对目前常规裂缝处治存在的问题,从裂缝检测入手,通过研发裂缝焊接材料和设备,采用新的施工工艺,解决裂缝结构问题。

(1)理论研究

通过裂缝无损检测技术理论研究,利用探地雷达和三维成像技术,开发裂缝无损检测分析软件,实现对基层和沥青面层裂缝的精确检测。

①以电磁场散射理论为基础,研究分析各种情况下裂缝等异常体的电磁波响应特征。

②建立数学模型,采用时间域有限差分方法,编制相应的软件,进行正演模拟,同时进行物理模拟。以理论分析为基础,结合数值模拟和物理模拟结果,剖析裂缝波场特征形成的物理机制,并对其动力学特征进行分析探讨。

③以高速公路基层裂缝等的检测为例,讨论具体的检测方法和参数选取原则。

④通过现场检测试验和对资料的解释、对比,论证探地雷达检测裂缝等异常体的可行性、可靠性和实用性,探索采用探地雷达进行生命探测的可能性。

通过对半刚性基层沥青路面裂缝发展规律研究,利用裂缝无损检测技术,探寻不同条件下、不同结构的半刚性基层沥青路面裂缝的产生及发展规律。

(2)试验方法

通过焊接材料试验,找出适合路面裂缝焊接技术的材料。

(3)技术路线

研究技术路线图,见图1-1。

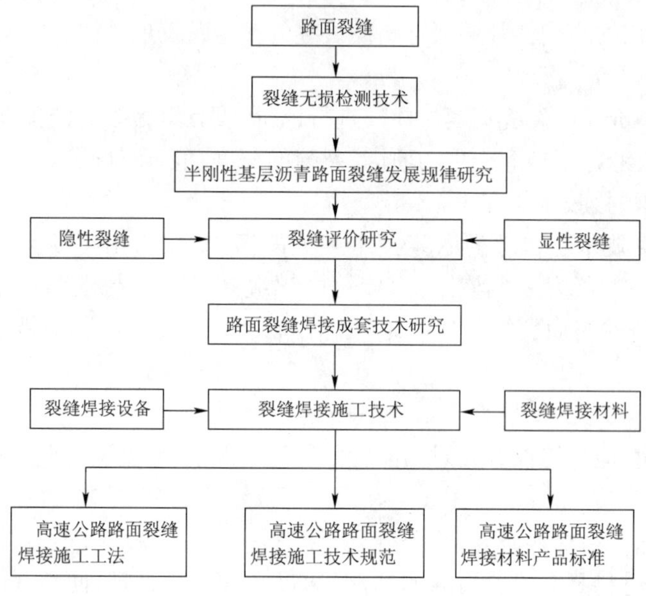

图1-1　研究技术路线

1.4　研究意义

我国高速公路95%为半刚性基层沥青路面,这种路面有诸多优点,但也有一个致命缺陷,就是半刚性基层易开裂,从半刚性基层产生裂缝,然后向沥青面层发展,俗称反射裂缝。路面一旦出现裂缝,就很容易导致水的下渗,当外荷载作用时,在结构层内部产生冲刷,从而导致裂缝发展加快,而半刚性基层稳定性较差,极易产生水损害,造成基层松散破坏,最后导致路面结构性破坏。所以,与车辙等病害相比,裂缝对路面的破坏更严重。裂缝严重影响路面的寿命,但是,裂缝病害没有引起大家足够的重视。

高速公路裂缝焊接技术,适用于半刚性基层沥青混凝土路面、柔性基层路面、复合路面等各种高速公路的路面网裂、沥青面层裂缝、半刚性基层隐性裂缝、反射裂缝的处治。高速公路裂缝焊接技术,可对路面的裂缝进行结构性的修复,路面裂缝焊接料能与沥青面层和基层有效结合形成整体,焊接好的缝结构稳定,寿命长,不需要反复处理,节约人力、财力。高速公路裂缝焊接技术,不受季节和气温限制、施工速度快、成本低、外形美观,是一种理想的裂缝处治技术,在国内有广阔的应用前景。

第2章　路面裂缝无损检测技术

许多搞路面养护的技术人员都曾想过，如果能有类似B超的仪器，对路面内看不到的病害进行检测，裂缝处治将大大方便。

现在，这一设想已经变为现实！

经过十余年的研究和不断改进、完善，我们的团队研究开发出路面裂缝检测技术，即利用探地雷达检测半刚性基层和沥青面层裂缝的位置、深度、斜度和宽度技术。

2.1　研究背景

在高等级公路基层中，存在各种各样的异常，如裂缝、沉陷、变形、脱空等。这些异常对公路构成很大的威胁和危害，如使公路出现基层和面层裂缝、脱空，这是路基塌陷的前兆。如何能准确、快速地预测这些异常体，一直是工程领域的一个难题。诸多的研究学者在工程病害检测方面做了一定的研究和探索。但由于构筑物材料的不同，病害产生的原因也不同，其性质也大相径庭，使得病害的定量检测难度很大，在理论和应用方面一直没有太大的突破。

目前，用于无损探测的方法主要有超声波法、地震映像法和探地雷达法等。超声波法由于能量弱、耦合困难，所以较少使用；地震映像法频率较低，对浅表的分辨率也低，不能有效地检测构筑物中的裂缝或微裂隙，使其在浅表裂缝的探测方面也受到了限制；而探地雷达法，以其高分辨率、高效率、低成本且具有一定的探测深度等其他方法所无法取代的优势，被广泛运用于高等级公路的勘察、检测、监测，地基勘察，建筑物、堤坝等构筑物质量检测等方面。工程实践中发现，在检测各种构筑物内部的裂缝或裂隙等病害方面，探地雷达可充分发挥其优势，并已取得了较好的应用效果。但由于目前国内外对探地雷达检测理论和应用方面的研究还不够系统和深入，阻碍了该方法的应用和推广。所以，需要研究探地雷达检测理论与应用，通过理论分析、数值模拟和物理模拟，系统归纳单一或多层均匀介质中各种异常体的电磁波响应特征，为探地雷达检测病害的定量或半定量解释提供理论基础。

综上所述，地震映像法和探地雷达法是裂缝检测的主要手段，但地震映像法由于频率低，浅表分辨率低等原因使其对浅表裂缝的探测受到限制，不能有效地检测构筑物中的裂隙或微裂缝；而探地雷达法则拥有高分辨率、高效率、低成本和具有一定的探测深度等诸多优势，使其在过去的30多年里，在工程、环境、考古等浅层高分辨率探测方面发挥了重要的作用，并被广泛运用在高等级公路的勘察、检测、监测，地基勘察，建筑物、堤坝等构筑物质量检测方面。但由于裂缝的形成机理复杂，几何尺寸又非常小，位置也不确定等原因，到目前为止，利用探地雷达检测裂缝在理论和方法上还没有获得较大的突破，在实际应用方面还没有形成一套成熟的体系，目前，这些问题都有待于研究解决。

本书将从理论和实际应用两个方面阐述探地雷达可应用。对于各种裂缝、脱空、沉陷等工程病害的无损检测。

2.2　探地雷达技术简介

探地雷达(Ground Penetrating Radar,GPR)是一种利用高频电磁波的反射探测地下目标体及地质现象的物探方法,亦称地质雷达。它由地面通过天线向地下发射电磁波,经地层或目标体反射,为另一天线所接收,并以脉冲反射波的波形形式记录,经处理得到二维雷达图像,以波形、彩色或灰阶方式显示地下垂直剖面。

探地雷达方法和技术,以其探测的分辨率高于其他地球物理手段、不具破坏性、抗干扰性和适应性强、图像显示直观清晰等特点,在水文地质、工程地质和环境地质调查、工程无损检测和考古调查等领域均获得了成功,并显示了广阔的应用前景。但是,探地雷达法,无论是在理论基础方面,还是在实际应用方面,都还存在许多问题,有待人们去探索、研究。

2.2.1　探地雷达系统

探地雷达系统,一般由发射电路、接收电路、低频放大电路和数据采集与处理等四大部分组成。其中,发射电路由脉冲发生器和发射天线组成,产生的脉冲上升时间 3ns 以下,发射的电磁能量进入地下。接收电路由接收天线、高频放大器、取样电路等构成。由接收天线接收到的高频信号经过放大、滤波后,利用脉冲取样技术,把重复接收的波形变成音频信号,并送入低频放大电路进行模拟信号处理。低频模拟电路由滤波器、时变增益放大和主放电路组成。由于电磁波深部信号比较弱,采用时,变增益放大可以有效地提高深层目标反射信号的幅度。数据采集和处理部分主要由 A/D 采集板、图像处理和图像显示等构成。系统中,宽频带行波收/发天线是一个关键问题。以研究柱形对称偶极天线为基础,经过多次实际应用和反复改进,已设计出了加载方式和电阻率分布独特的行波天线,天线形状为扇形,其两臂夹角为 60°。天线上电阻率分布随天线臂长呈阶梯递减变化,以致形成强辐射的电磁能量进入地下。对不同中心频率的天线,其电阻率分布不同,发射效率达 20% ~70% 。

2.2.2　数据采集

根据研究内容及探测目标的不同,在进行数据采集时,探地雷达的观测方法(即发射天线与接收天线的相对位置和移动关系)也不相同。

由于大多数频率在几百兆赫兹至 1GHz 以上的探地雷达天线多采用收、发天线一体化封装设计,收、发偏移距固定不变,也无法更改,所以,实际工作中,以类似自激自收的剖面法最为常用。在进行剖面法检测时,为提高记录的信噪比,一般采用多次垂直叠加方式。探地雷达的多次垂直叠加效果要比地震勘探中的可控震源多次垂直叠加效果好得多,因为探地雷达的多次垂直叠加更能够保证多次激发信号的一致性。

2.2.3　信号处理

探地雷达资料的数据处理与地震勘探数据处理基本相同,可以说,多数用于地震勘探数据处理的模块均可直接用于探地雷达资料的处理。雷达资料处理主要包括:动校正、滤波及时频变换处理、自动时变增益或控制增益处理、偏移处理、速度分析和时深转换及雷达合成处理等。

2.2.4 图像识别

原始的GPR剖面是一个时间剖面,通过宽角法、层析反演方法等,可求得地下介质的波速,这样就可以将时间剖面转换成二维空间剖面。目前,利用二维图像剖面识别目标体的方法有两类:一类是人工智能法;另一类是目视判读法。人工智能图像识别法在GPR中的应用刚刚起步,常用的是能量探测方法和频谱识别方法。能量探测方法是通过统计区域测点时间波形的累计能量并与确定的阈值比较,当能量超过阈值时,就作为异常,然后再在异常范围内确定出几个对比时窗,统计各时窗的能量,找出具有异常能量的时窗段。根据异常能量分布空间范围,获得目标体的分布。这种方法快速、简便,可以给出目标体可能的分布范围,但不能精确地给出目标体的形状和边界;频谱识别方法是通过计算获取某一形体的精确特征频谱,把这些特征频谱与实测资料的频谱进行比较,以识别目标体的形体。这种方法目前还只能用于一些最简单目标体的识别。

目视判读是利用人眼判读二维图像,从而得出地下目标体的形状、大小及其空间位置。目视判读解释是目前最常用的图像识别方法。这种方法的基础在于熟悉各种地下掩埋体的图像模型,即GPR图像的正演模型。王惠濂(1993年),M. Bernabini等(1995年)的物理模拟和野外试验的成果为异常识别和图像的地质解释提供了理论和实证依据。图像异常的地质解释不是一个简单的电磁学问题,它涉及地理、工程、考古等学科知识,故它是一个系统工程,需要综合各方面的知识和经验,才能提高探测水平,特别是解释水平。

2.2.5 主频、探测深度及应用范围

探地雷达的应用是多方面的,按其探测深度,一般可分为:

(1)浅部应用。中心主频大于1000MHz,探测深度小于0.5m,主要用于公路路面、机场跑道、墙厚及墙内空洞和隐藏物的探测等。

(2)中深度应用。中心主频为100~900MHz,探测深度0.5~8m,主要用于地下管线、地下空洞、考古研究、混凝土质量检测等。

(3)大深度应用。中心主频小于100MHz,探测深度10~50m,主要用于岩土工程勘察,以探明地下岩溶洞穴、堤坝隐患、地基勘察、岩土层划分、基岩埋深及其构造破碎带的分布形态等。

此外,GPR也已应用于航空、卫星测量及一些特殊领域。可以推定,随着人们对GPR研究的不断深入,它的应用范围也将进一步拓宽。探地雷达在水利水电工程建设中,以大、中深度的应用为主,在查明地下地质结构,进行岩土分层,探测坝体隐患等岩土工程勘察项目方面,发挥着越来越大的作用。

2.2.6 探地雷达技术在应用中急待解决的问题

在实际工程检测中,国内对探地雷达的应用已非常普遍。无论是进口仪器,还是国产仪器,目前在国内总的占有率已为数不小。但探地雷达法目前的实际状况是还没有形成一种独立的、成熟的理论方法体系,在实际应用中,暴露出很多问题,其原因可归纳为以下几点。

(1)理论研究不够

探地雷达法,主要依靠地下介质中的异常体对发射天线发射的电磁波产生的响应(包括散射、反射、折射等)来探测地下异常体的形态、性质和埋深。它与军用雷达探测空中目标的原理相似,但涉及的传播介质远较军用雷达复杂。军用雷达的研究和运用牵涉国防建设和国家安全,其理论研究方面的投入远较探地雷达大得多。到目前为止,探地雷达法主要还是借助于地震勘探的理论进行正演模拟和反演解释。但探地雷达毕竟不是地震勘探,其依据的理论基础也不能完全被地震勘探理论所取代。除与地震勘探理论的相似性之外,它还具有自身的特殊性。所以,探地雷达法应该独自拥有一套完整的理论和方法体系,以适应其自身发展和运用的需要。

(2)野外采集参数选取不规范

由于理论上研究不够,导致野外采集方法也不够成熟。针对给定类型和埋深范围的目标,该如何选取最佳的采集参数才能得到最理想的采集效果?要回答类似客观而又实际的问题,从根本上说,必须要有相应的理论作为依据,否则就容易失去其科学性和合理性,导致盲目性。盲目采集是目前探地雷达应用中较常见的问题。所以,通过理论研究来探索科学合理的采集方法也是当务之急。

(3)资料处理技术滞后

高分辨率体现了探地雷达法的优势。高分辨率意味着发射的信号脉冲拥有较宽的频带和较高的主频。较高主频的探地雷达天线,又多采用双极相对固定的统一封装模式。这种类型天线的使用,主要是采用等偏移距激发接收的连续探测方式。该方式下获得的剖面类似于浅层地震勘探中的地震映像剖面,它包含了诸如空气直达波、地面直达波、反射波、散射波、折射波、面波等多种类型的电磁波。这种雷达资料有以下特点:①多次波发育;②干扰严重;③介质速度难以求取等。从处理的角度看,这些特点使得资料在处理上难度很大。但到目前为止,探地雷达资料的处理还主要是照搬了地震勘探资料的处理方法,并没有针对自身的特点开发出特殊的处理程序。采用现有的地震处理程序来处理上述雷达资料显然有很多不足之处或无法克服的困难,这也大大限制了该方法的应用和推广。

(4)资料解释方法不成熟

目前的探地雷达资料解释还主要停留在目视判读的定性解释层面上。从理论上讲,探地雷达利用了电磁波频率高、分辨率高的特点,应当在探测地下小尺度异常体的大小和埋深方面发挥更大的作用。而目前探地雷达资料的解释却仅仅停留在定性解释上显然是不够的。譬如,对于探测剖面上隐蔽的、肉眼难以分辨的,但却又是实际存在的微弱异常,可以从波场动力学的角度,通过对特征参数的数值分析进行定量或半定量的解释,从而使探地雷达资料的解释提升一个高度。这应当是研究资料解释问题的一个切入点,是将探地雷达资料解释方法引向成熟发展的一个方向。

总之,关于探地雷达方法,无论在理论方面还是实际方面,目前都还存在许多问题急需研究解决。对探地雷达检测裂缝课题的研究,正适应了目前和将来工程界对现代检测技术的需求。随着我国高速公路建设规划的实施,从未来着眼,养护检测不但必不可少,而且检测工作量会逐年递增,探地雷达技术以其诸多优势将被优先考虑。将该项技术进一步发展和完善是目前急需解决的问题。

2.3 理论分析、数值模拟与物理模拟

2.3.1 基本原理

(1)惠更斯—菲涅耳原理

惠更斯于1690年提出:“在弹性介质中,任何时刻,波前上的每一点,都可以看作一个新的点震源,由它产生二次扰动,形成子波前,而以后新波前的位置可以认为是该时刻各子波波前的包络。”这就是著名的惠更斯原理,又称菲涅耳原理。

(2)费马原理

费马原理,是从射线的角度对波的传播路径的描述。所谓射线,就是波从一点到另一点传播的路径,而波在任一时刻的射线总是与该时刻的波前面垂直。费马原理指出,波沿射线传播的时间和沿其他任何路径传播的时间比较起来是最小的,所以又称时间最小原理。在均匀介质中,射线为自震源发出的一簇辐射直线。因为射线恒与波前垂直,所以平面波的射线是垂直于波前的平行直线;而在非均匀介质中,射线有可能是一簇曲线。对光线传播特性的观察,有利于帮助我们从直观上来理解射线的含义。在研究反射地震原理时,用得最多的就是射线理论。

2.3.2 数值模拟方法

时域有限差分法是指利用二阶精度的中心差分近似直接求解时间域的麦克斯韦旋度方程,见式(2-1)。

$$\begin{cases} \nabla \times H^{*} = \varepsilon \dfrac{\partial E}{\partial t} + J_{e} \\ \nabla \times E = -\mu \dfrac{\partial H^{*}}{\partial t} - J_{m} \end{cases} \tag{2-1}$$

式中:E——电场强度,V/m;

H^{*}——磁场强度,A/m;

ε——介质介电常数,F/m;

μ——磁导系数,H/m;

J_{e}——电流密度,A/m^{2};

J_{m}——磁流密度,V/m^{2}。

2.3.3 物理模拟方法

物理模拟,是在数值模拟的基础上,根据数值模拟结果设计物理模型,采用实际的探地雷达仪器对物理模型进行测试试验,然后将试验结果与数值模拟结果进行对比,考察分析二者之间可能存在的差别,并分析引起这种差别的原因。物理模拟,一方面可以检验理论分析和数值模拟的正确性,发现问题并解决问题,补充并完善理论;另一方面可以较好地指导我们开展实际工作。因为物理模拟是通过实际操作来实现的,它采用真实的仪器对实际材质的介质模型进行测试,虽然与实际检测情况有些差别,但这种差别也只是量上的差别,主要是由于二者的母体介质的性质和均匀程度、异常体介质的性质等存在差别造成的,但不会引起质的不同的结果,所以,物理模拟结果能够在很大程度上代表实际检测结

果的近似。

2.4　垂直裂缝的电磁波响应特征

先看一个数值模拟和物理模拟的例子。如图2-1所示,以空气为母体介质,用导体材料来模拟裂缝。假设垂直裂缝上下延伸长度为40cm,宽度为2mm。数值模拟和物理模拟结果,见图2-2。

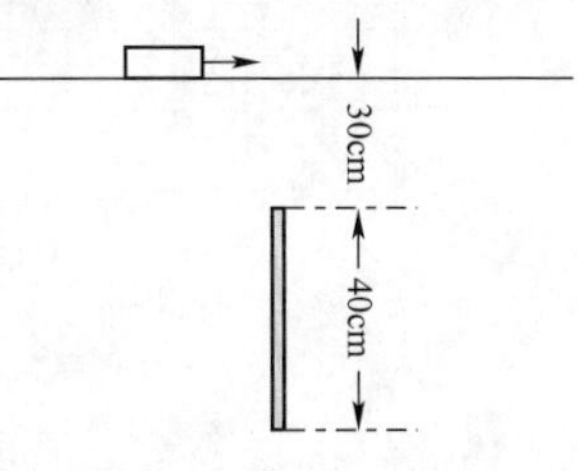

图2-1　垂直裂缝模型

从数值模拟结果看,当垂直裂缝的宽度较小时,其电磁波响应特征与前面讨论过的“点元”的电磁波响应特征非常相似,是过垂直裂缝上端点的一条散射双曲线。不同的是,在裂缝的下端点处也有一条双曲线,其开口稍大,相位与前者相反,且幅度较弱。从物理模拟结果看,上端点的响应特征与细钢筋的类似,但下端点的响应由于受上端点续至波的干扰,已不像数值模拟结果那样能明显看出一条独立的双曲线了。从理论分析和数值模拟结果可以看出:垂直裂缝的上、下端点各对应一条散射双曲线弧,并据此可以判定裂缝的顶、底端位置。虽然下端点的散射波的能量较上端点的弱得多,但作为一种解决问题的研究方向,在将来有可能通过某种信息提取方法来突出异常,从而解决裂缝下端点的定位问题。

将图2-2a)与图2-2b)比较,先撇开振幅大小不谈,单从波形特征上看几乎没有什么差别。这说明,当垂直裂缝的上端点深度固定时,上端点散射波特征对垂直裂缝在垂向上的长度变化不敏感,最明显的不同是,随着裂缝顶深加大,双曲线的开口变宽了,幅度也减弱了。

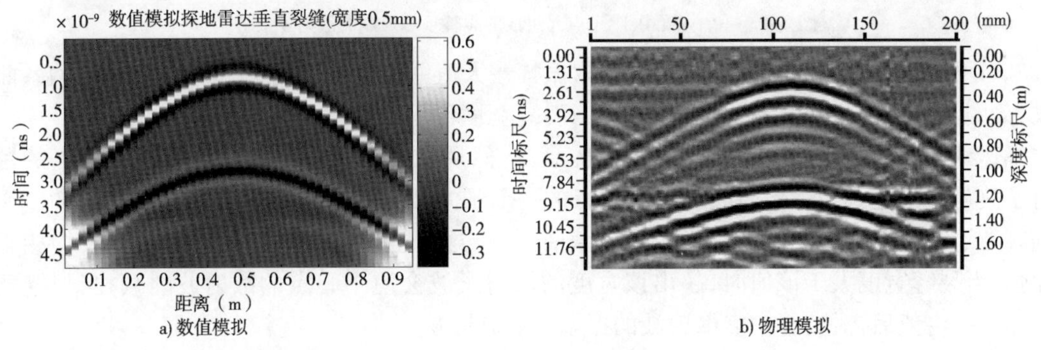

图2-2　垂直裂缝(长40cm,宽2mm、顶深30cm)数值模拟与物理模拟结果

2.4.1　垂直裂缝宽度变化对其电磁波响应的影响

理论分析可借助于Excel表格构建一个雷达子波,并把它放在表格的第U列中,如图2-3a)所示。图2-3b)为该雷达子波的波形图。子波的主瓣半周期为6(对应半波长为6个长度单位),振幅最大值为5.3。然后,假定有一极窄的垂直裂缝,它在垂向上足够长,其底端不会对顶端的散射产生影响,其宽度仅1个长度单位,或仅由一个点元组成。当雷达仪器位于该垂直裂缝正上方时,其自激自收得到的裂缝顶部散射波刚好为图2-3b)所示的一个雷达子波。

Q	R	S	T	U	V	W	X	Y
				0				
			0	-0.6	0			
		0	-0.6	-1.5	-0.6	0		
	0	-0.6	-1.5	-1.6	-1.5	-0.6	0	
0	-0.6	-1.5	-1.6	-1.5	-1.6	-1.5	-0.6	0
-0.6	-1.5	-1.6	-1.5	0	-1.5	-1.6	-1.5	-0.6
-1.5	-1.6	-1.5	0	5.5	0	-1.5	-1.6	-1.5
-1.6	-1.5	0	5.5	4.8	5.5	0	-1.5	-1.6
-1.5	0	5.5	4.8	6.5	4.8	5.5	0	-1.5
0	5.5	4.8	6.5	4.8	6.5	4.8	5.5	0
5.5	4.8	6.5	4.8	5.5	4.8	6.5	4.8	5.5
4.8	6.5	4.8	5.5	0	5.5	4.8	6.5	4.8
6.5	4.8	5.5	0	-1.5	0	5.5	4.8	6.5
4.8	5.5	0	-1.5	-1.6	-1.5	0	5.5	4.8
5.5	0	-1.5	-1.6	-1.5	-1.6	-1.5	0	5.5
0	-1.5	-1.6	-1.5	-0.6	-1.5	-1.6	-1.5	0
-1.5	-1.6	-1.5	-0.6	0	-0.6	-1.5	-1.6	-1.5
-1.6	-1.5	-0.6	0		0	-0.6	-1.5	-1.6
-1.5	-0.6	0				0	-0.6	-1.5
-0.6	0						0	-0.6
0								0

a)

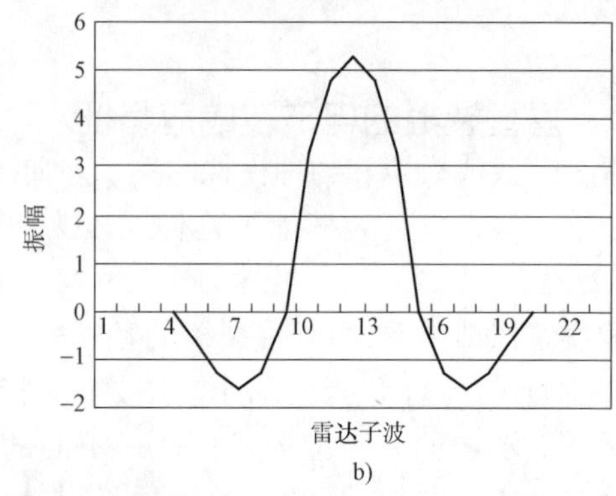

b)

图 2-3　采用 Excel 构建的雷达子波及其波形图

现在,把该裂缝同时向两侧加宽,每次向两侧各增加一个点元,则生成宽度依次为包含 1,3,5,7…,41 个点元的 21 个不同宽度的裂缝。当雷达仪器在该裂缝上方采用自激自收方式,按每次移动一个点元的步长扫过后,在每个点元的正上方,均可接收到对应点元产生的同样的初至雷达子波,这些初至雷达子波群如图 2-4 所示。

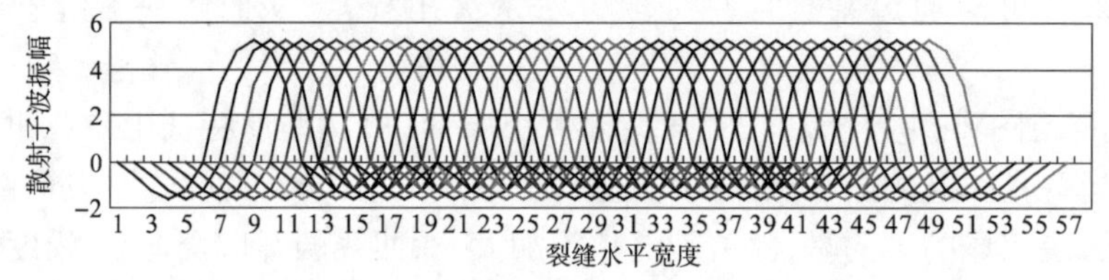

图 2-4　一个宽度由 41 个点元组成的裂缝顶端形成的散射子波群

对不同宽度裂缝顶端中点散射波提取振幅最大值并绘制振幅随裂缝宽度变化的关系曲线,如图 2-5 所示。从该曲线可以看出,当裂缝宽度约等于雷达子波的一个视波长(12)时,振幅达到极大值,超过一个视波长后,首先衰减,然后趋于一个稳定值。将裂缝中心点的散射子波与振幅达到最大值时裂缝顶部端点的一个子波抽出绘于图 2-6,可见两个子波的主瓣刚好处于分离点上。当裂缝宽度小于该值时,位于这两个子波之间的所有散射子波均相干加强;当裂缝宽度大于该值时,超出该宽度的散射子波会使中心点的散射波削减;当裂缝宽度超过一定值后,对裂缝中点散射波的振幅不再有影响。

从图 2-5 可以看出,当裂缝的宽度小于一个子波的视波长时,裂缝顶部中点散射波振幅随裂缝宽度呈近似过原点的直线关系变化,这点对于我们从定量的角度来分析探地雷达检测垂直裂缝宽度非常重要。

2.4.2　垂直裂缝顶深变化对其电磁波响应的影响

图 2-7 和图 2-8 显示了一条宽 4cm、垂向延伸 20cm 的垂直裂缝,当顶深从 5cm 变化到 40cm 时,其顶端散射波振幅发生相应变化的情况。图 2-8 的曲线近似为一条幂函数衰减曲线。顶深越浅,顶端散射波振幅随顶深变化越明显,这是因为球形扩散作用在近源点表现更为明显。

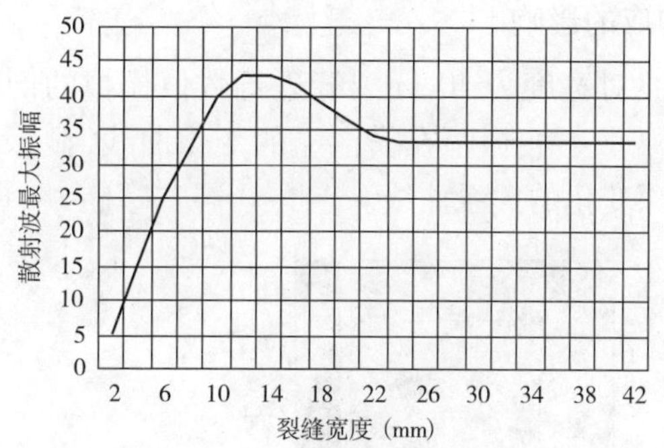

图 2-5　裂缝顶端中点散射波最大振幅与裂缝宽度的关系

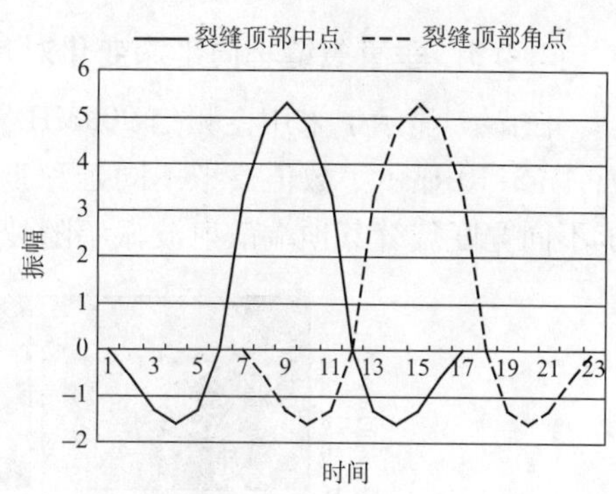

图 2-6　振幅最大值时对应的裂缝顶部中点散射子波和顶部端点散射子波的时间关系

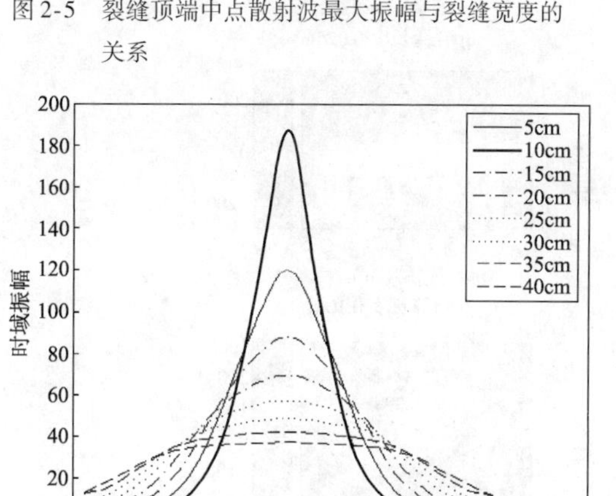

图 2-7　不同顶深垂直裂缝顶端散射波最大振幅在横向上的变化曲线

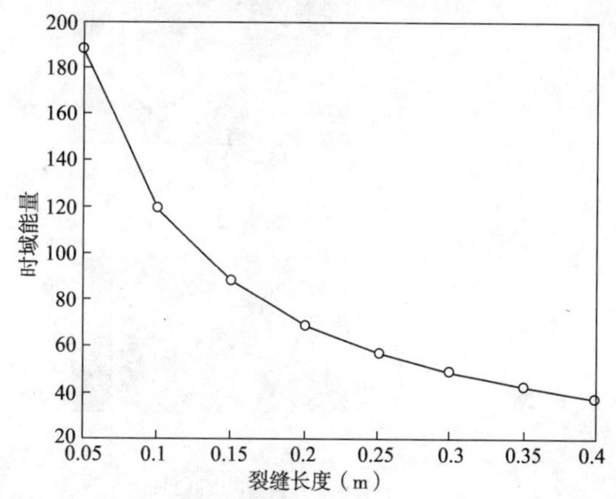

图 2-8　垂直裂缝顶端散射波最大振幅与裂缝顶深变化的关系曲线

假设图 2-8 纵轴振幅电场强度为 E_z，横轴顶深为 h，将数值模拟结果列于表 2-1。

垂直裂缝顶端散射波最大振幅 E_z 与裂缝顶深 h 之间的关系（数值模拟结果）　表 2-1

裂缝顶深 h（m）	裂缝顶端散射波电场强度最大振幅 E_z（V/m）	裂缝顶深 h（m）	裂缝顶端散射波电场强度最大振幅 E_z（V/m）	裂缝顶深 h（m）	裂缝顶端散射波电场强度最大振幅 E_z（V/m）	裂缝顶深 h（m）	裂缝顶端散射波电场强度最大振幅 E_z（V/m）
0.05	188	0.15	88	0.25	57	0.35	43
0.10	120	0.20	70	0.30	49	0.40	39

再假定 E_z 与 h 之间满足关系 $E_z = ah^b$，采用最小二乘法进行回归分析，求取 $a = 19.61$，$b = -0.771$，则有：

$$E_z = \frac{19.61}{h0.771} \tag{2-2}$$

基于这一点，裂缝顶深越浅，异常反应就越大，特别是在浅部一定深度范围内，这种对应关系表现得尤为明显。所以，在考察裂缝宽度变化对其顶端散射波最大振幅的影响时，还要考虑其顶深因素。对于不同顶深的两条垂直裂缝，不能盲目地依据其顶端散射波最大振幅值的大小来判断裂缝的相对宽窄，要结合多种影响因素进行综合分析，才能得出正确的结论。

2.4.3 垂直裂缝垂向延深变化对其电磁波响应的影响

图2-9 显示了采用主频为900MHz 的雷达子波对宽度为40cm 裂缝进行数值模拟的剖面,图2-10 显示了数值模拟不同延深垂直裂缝顶端散射波振幅在横向上的变化曲线,显示了不同宽度裂缝其顶端散射波振幅随裂缝垂向延深变化的关系曲线。

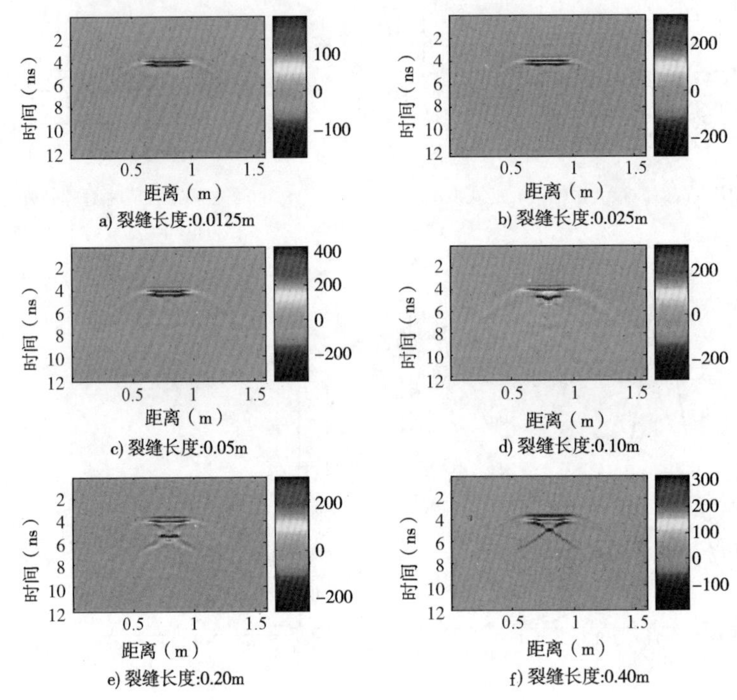

图2-9 不同延深裂缝数值模拟剖面

(子波主频:900MHz,裂缝宽度:0.4m)

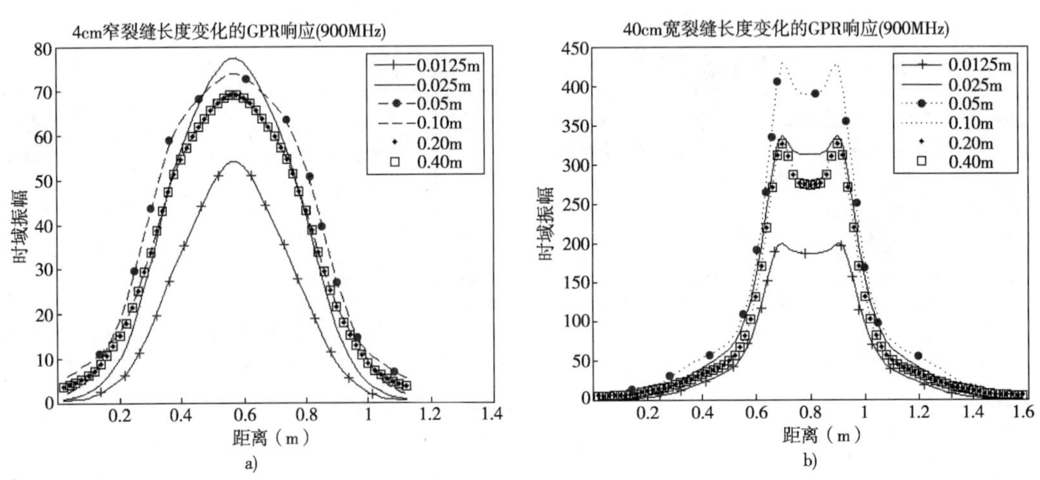

图2-10 不同宽度、不同延深裂缝顶端散射波振幅在横向上的变化曲线

从图2-10 的曲线可以看出,不管是宽4cm 的窄裂缝,还是宽40cm 的宽裂缝(其实相当于水平裂缝或空洞),同一主频的雷达子波对其在垂向上的延深变化反应趋势基本是相同

的。也就是说,从裂缝在垂向上的延深为零时对应的裂缝顶端散射波的最大振幅也为零,延深增大到约0.1m时对应的振幅达到稳定值。这里的振幅稳定点所对应的裂缝的延深长度与裂缝在横向上的宽窄变化关系不大,而只与雷达波的主频和裂缝中充填物的介电常数有关,即主频越低,介电常数越小,对应于振幅稳定点的裂缝的延深长度就越大。

2.5 均匀层状介质中异常"点元"的多次散射波特征

先分析两层均匀介质中一个"点元"的电磁波响应特性。如图2-11所示,这里假设两层介质的电磁特性差异很大,雷达波在二者的分界 R 处会产生较强的散射(或反射)。B 点是位于上层介质中的一个"点元"。来自仪器 A 的雷达波沿射线路径 AB 到达"点元"B,在 B 点产生散射。其中,沿 BA 路径返回的背向散射被雷达仪器接收并记录,就形成前面讨论过的"点元"的散射双曲线波形。B 点的前向或侧向散射继续向下传播,当遇到界面 R 时又产生散射。所有散射点形成的散射波的波前包络构成散射波前面并向上传播。D 是界面 R 上的一点,连接 BD 和 DA,并过 D 点作界面 R 的垂线 LL',可以证明,当 LL' 平分 $\angle BDA$ 时,射线路径 $BD+DA$ 最短。也即在所有被来自"点元"B 的散射波激发后,在界面 R 上形成的新的散射波组中,沿射线路径 BDA 传播的散射波最先到达 A 点而被仪器接收。我们暂称 D 点为有效散射点。

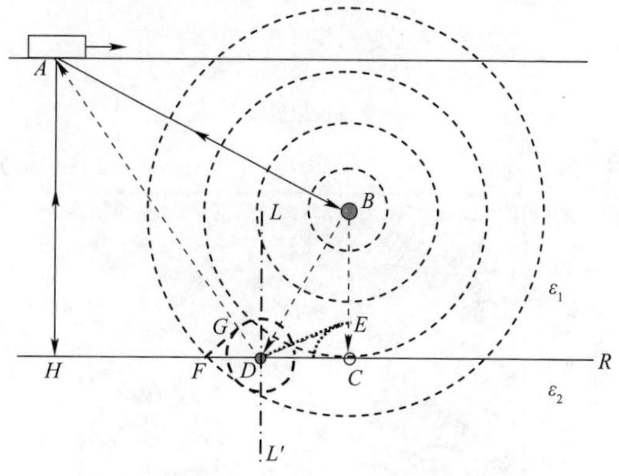

图2-11 两层均匀介质中"点元"的电磁波响应特征

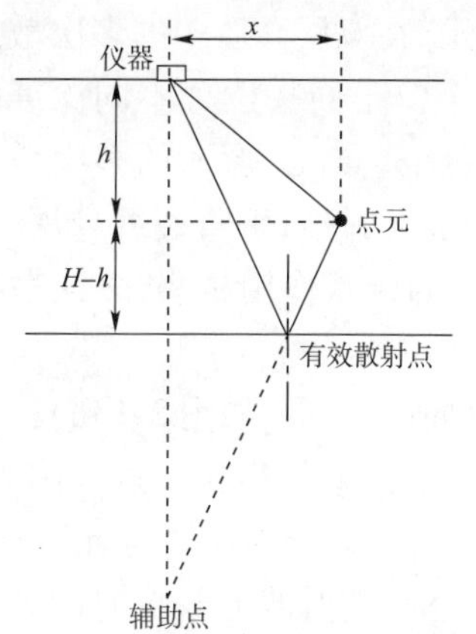

图2-12 两层介质中由异常"点元"和分界面形成的多次散射波的时距曲线原理示意图

为求取该散射波的时距曲线方程,将图2-11重画成图2-12。设仪器距异常"点元"的水平距离为 x,"点元"的埋深为 h,分界面的埋深为 H,雷达仪器相对于分界面的镜像点为辅助点,连接"点元"与辅助点,则该连线与分界面的交点必为有效散射点。设多次散射波的走时为 t,上层介质中雷达波的速度为 v,则根据简单的几何关系,很容易导出如下的散射多次波时距曲线方程:

$$t=\frac{\sqrt{h^2+x^2}+\sqrt{(2H-h)^2+x^2}}{v} \tag{2-3}$$

当 $x=0$ 时,即当仪器位于异常"点元"的正上方时,多次散射波的走时最短,$t=2H/v$,也即等于介质分界面的双程 t_0 时间。可见,多次散射波时距曲线的顶点位置在水平方向上与异常"点元"的水平位置重合,其最小时间与异常"点元"的埋深无关;该曲线总是在其顶点处与分界面的反射波组相切,也即其最小时间总是与分界面的反射时间相同。

2.5.1 均匀层状介质中垂直裂缝的多次散射波特征

根据两层均匀介质中"点元"的多次散射波的特征不难得出垂直裂缝的多次散射波特

征。首先来看一下图 2-13 中的物理模拟结果。

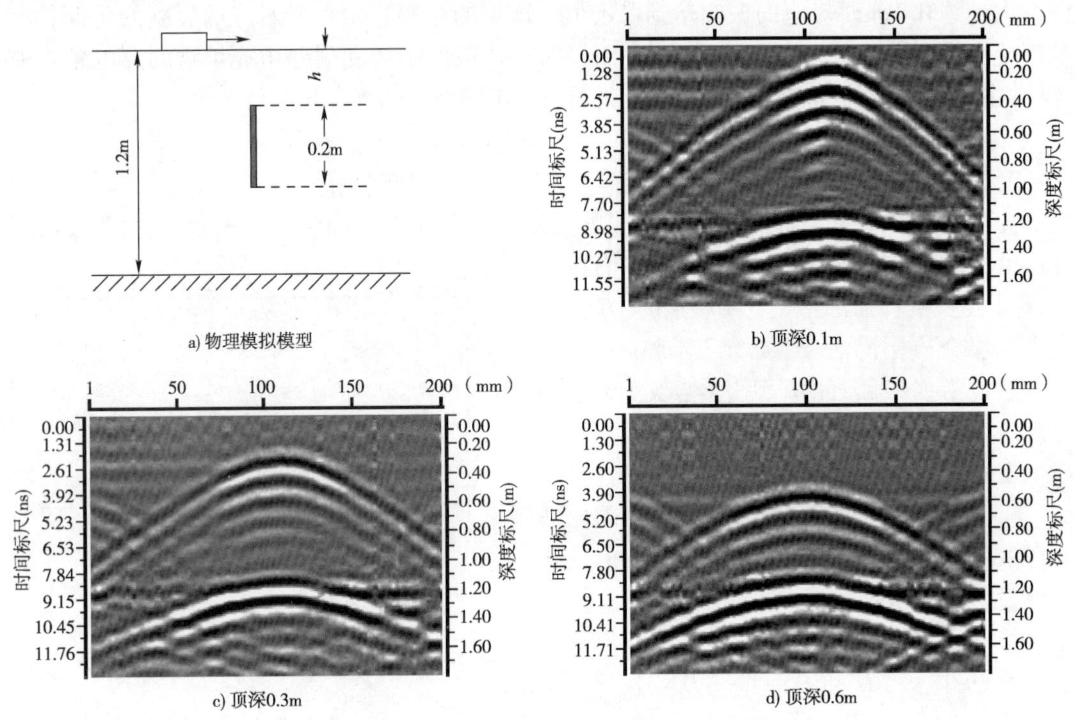

图 2-13 两层均匀介质中垂直裂缝多次波特征物理模拟试验模型及剖面

从模拟结果看,两层介质中的垂直裂缝的多次散射波特征与一个"点元"的多次散射波特征非常类似。根据前面对多个位于同一位置不同深度的"点元"在双层介质中的多次散射波特征的分析不难得出这一结果。垂直裂缝也可以看成是多个位于同一位置不同深度的"点元"在垂直方向上的定向排列,当该排列长度不是太大时,每个"点元"形成的多次散射波的双翼的时差很小,可近似看成同相,所以它们会同相叠加增强。另外,垂直裂缝越深,也即越靠近分界面,散射波路径越短,由散射波空间球面扩散引起的衰减作用越弱,多次散射波的能量就越强。

另外,从图 2-13 的物理模拟剖面还可以看出,当垂直裂缝的顶深很小[如图 2-13b)顶深 0.1m]时,不管是一次散射波还是多次散射波,在曲线的两翼,能量衰减都很快。这是因为,垂直裂缝在纵向上总是存在一定的尺度,对于组成裂缝自身的"点元",当不同"点元"之间的深度变化量相对于裂缝的顶点深度大小不可忽略时,则各"点元"散射波的双翼时间就存在较大的时差,叠加后会相互抵消,能量变弱。

对于均匀多层介质中的垂直裂缝,其多次散射波特征与多层均匀介质中"点元"的情况很类似,这里不再赘述。下面以三层均匀介质为例,通过数值模拟来讨论对比两种特殊情况下的波场特征。

如图 2-14a)所示,数学模型有三层均匀介质,宽度 2m,厚度由上向下依次为 30cm、25cm 和 10cm,相对介电常数分别为 4、9 和 6。一裂缝宽 4cm,上、下长 20cm,穿透上部两层介质的分界面,每层介质中各占 10cm。图 2-14b)为其数值模拟结果。

图 2-14c) 为同样三层均匀介质，宽度、厚度和相对介电常数均同上。一同样宽窄、长短的裂缝，其中充满水，介电常数为 81。该裂缝完全位于第一层介质中，其下端点距上两层介质的分界面 5cm。图 2-14d) 为其数值模拟结果。

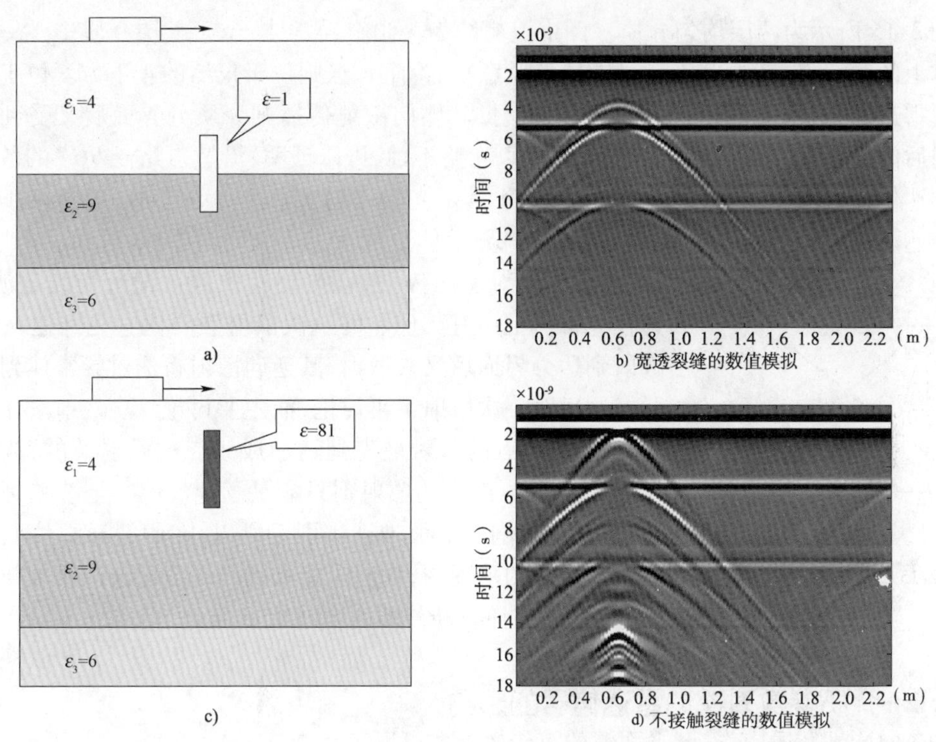

图 2-14　对两个特殊模型的数值模拟

在模型[图 2-14a)]的数值模拟剖面[图 2-14b)]中，除由裂缝的顶端形成的一次散射和由两个分界面形成的二次散射（与分界面的反射波组相切）外，在第二层介质的时窗中，却找不到裂缝的底端形成的散射波组。难道是消失了吗？绝对不是！现在，让我们来计算一下由裂缝底端形成的散射波的到达时间。裂缝顶深 20cm，裂缝长 20cm。裂缝底的双程时间为 $2 \times (20 \div 15 + 20 \div 30) = 4$ns；再来看第一层介质和第二层介质分界面产生的双程散射时间 $2 \times 30 \div 15 = 4$ns，可见，由裂缝底端形成的散射波与第一层介质和第二层介质分界面形成的反射波组相切，显然，它也与该界面形成的二次散射双曲线波组重合，所以，我们找不到了。

在模型[图 2-14c)]的数值模拟剖面[图 2-14d)]中，除由裂缝顶端形成的一次散射波和由分界面形成的二次散射波外，在第一层介质中少了裂缝底端形成的散射双曲线弧，而在第二层介质的时窗中，又多出了一条双曲线弧！其实，通过如上的时间计算不难得知，第二层介质时窗中多出的双曲线弧正是在第一层介质中少了的裂缝底端形成的散射。

通过以上两个特殊模型的数值模拟结果可以看出，基于裂缝中的充填物不同，其与母体介质的介电常数相差往往较大，裂缝底端的行踪也总是让人捉摸不透，这在多层介质中表现得尤为突出；但裂缝顶端的散射波到达时间总是与实际空间对应良好，因为顶端的时间完全依赖于顶端以上介质的速度，而与裂缝中充填物的介电常数无关；再者，裂缝顶端的散射波能量也比其底端的散射波能量强得多。所以,无论从理论的角度还是实际的角度看,对裂缝顶端埋深的判别要比对其底端埋深的判别容易得多。

2.5.2 均匀层状介质中倾斜裂缝的多次散射波特征

图2-15所示为两层均匀介质。图中黑粗线为一倾斜异常体,位于上层介质中。B、E为异常体上的两个点,其中B点是异常体上任意一点,而E点则位于仪器的正下方。位于A点的探地雷达发射雷达波到达B点并产生散射,其侧向散射传播到介质分界面后又受到第二次散射后向上传播。假设异常体的厚度可以忽略不计,可以证明:沿散射路径BCA的散射波最先到达仪器,其中C点的位置使BC和CA满足光学反射定律。另一方面,仪器在A点发出的雷达波还直接垂直向下传播,遇到倾斜异常体上的E点后产生前向散射和后向散射。其中,后向散射逆向传播,直接到达仪器被记录为续至波(因为在异常体上还有其他点的一次散射波要比它先到达);前向散射到达分界面后又被散射,其逆向散射将透过异常体到达仪器。这里对一次散射不再讨论,而主要讨论二次散射。在二次散射波中,E点的散射最先到达而成为二次散射波的首波;而经B和C两点产生的散射则只能是续至波。续至波总是被抵消,或至少在剖面上很难被辨别。所以,在倾斜异常体向分界面垂直投影的范围内,我们应能看到二次散射波同相轴与分界面的双程t_0时间相同,即两个波组重合。

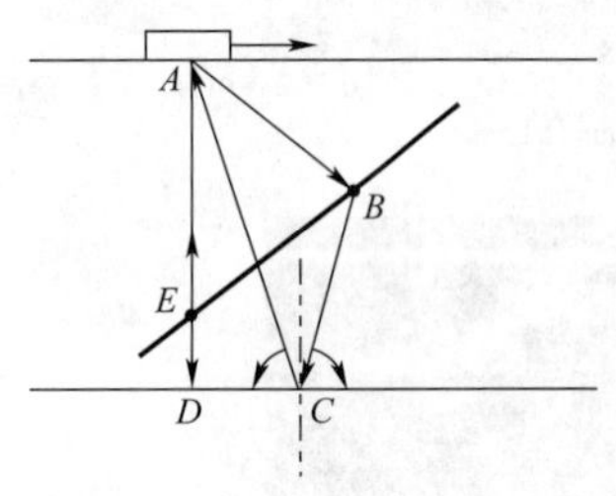

图2-15 倾斜异常体的多次散射波特征示意图

2.6 介质参数对探地雷达信号的影响

在各向同性介质中,简谐平面波的复传播常数可以表示为:

$$k = k_{\mathrm{R}} + ik_{\mathrm{I}} \tag{2-4}$$

其中,实部和虚部分别称为相位常量和衰减常量,分别表示为:

$$k_{\mathrm{R}} = \omega\sqrt{\frac{\mu\varepsilon}{2}}\left[\sqrt{1+\left(\frac{\sigma}{\omega\varepsilon}\right)^{2}}+1\right]^{\frac{1}{2}} \tag{2-5}$$

$$k_{\mathrm{I}} = \omega\sqrt{\frac{\mu\varepsilon}{2}}\left[\sqrt{1+\left(\frac{\sigma}{\omega\varepsilon}\right)^{2}}-1\right]^{\frac{1}{2}} \tag{2-6}$$

衰减常数用分贝表示为:

$$\mathrm{ATT} = 20\log_{10}(e^{k_{\mathrm{I}}}) \approx 8.686k_{\mathrm{I}} \tag{2-7}$$

另外,相位的畸变可以用以下形式来表示:

$$\mathrm{PH}_{\mathrm{err}} = \frac{k_{\mathrm{R}}}{\omega\sqrt{\mu\varepsilon}} \tag{2-8}$$

该量是对电导率为0的介质的真实相位的比率。

图2-16表示在相对介电常数为10,电导率分别为0.2、0.04、0.008S/m的介质中,当频率变化时波传播产生的衰减响应。图2-16b)是图2-16a)对应的相位畸变。图2-16c)和图2-16d)是电导率相同(0.05S/m),相对介电常数分别为5、20、40的介质中,传播常数随频率变化的关系。

从图2-16可以看出，当介质参数处于一定范围内时，大约在100MHz频率点处，传播常数开始发生明显的变化：当频率大于100MHz时，对于一般的介质，将满足 $\sigma/\omega\varepsilon \ll 1$，相应的衰减因子（ATT）和相位畸变（$PH_{err}$）将变为不依赖于频率而变化的量（$ATT = 4.343\sigma\sqrt{\mu/\varepsilon}$，$PH_{err} = 1$）。

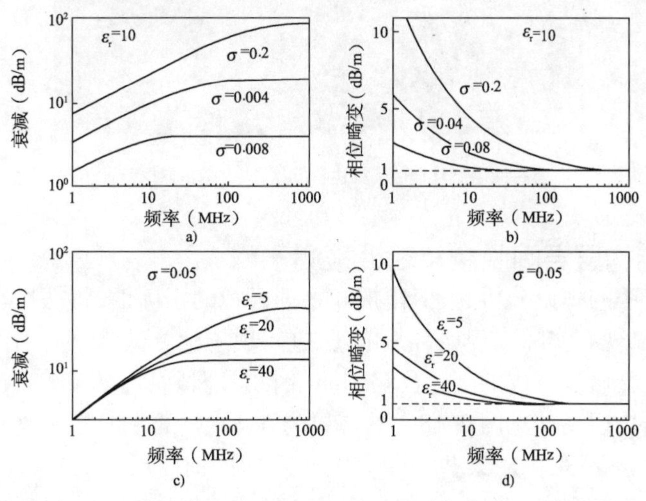

图2-16　介质参数对电磁波传播函数的影响

在电损耗（电导率不为0）介质中，随着频率的增加，频散现象将减弱。

图2-17中图为公路面层结构破损情况的雷达检测剖面，其异常表现与地面所见（上图）和实际开挖验证情况（下图）有很好的符合。

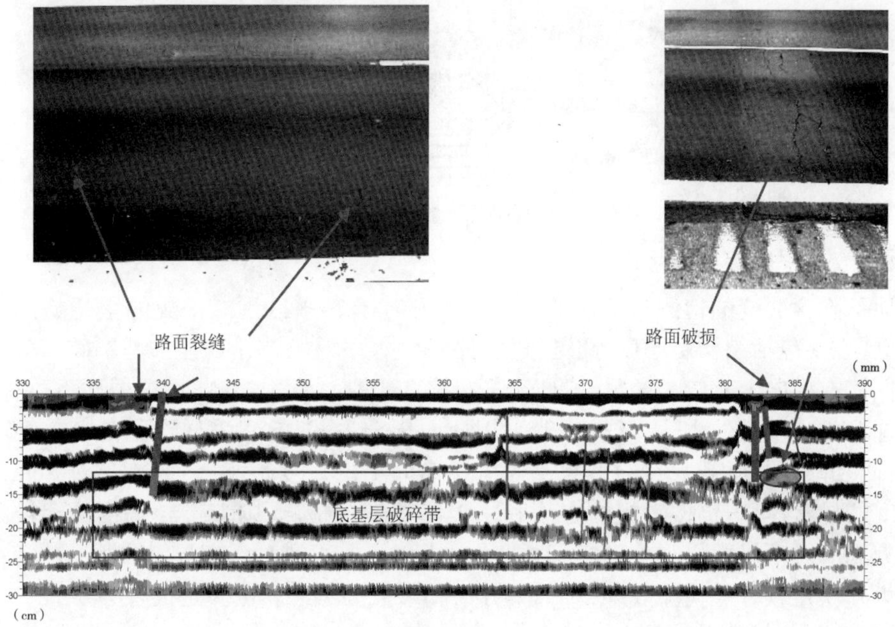

图　2-17

图 2-17　公路面层破坏(上)、雷达检测剖面(中)和开挖验证情况(下)

2.7　公路结构层层间脱空及裂缝检测

为验证该研究中的理论分析、数值模拟和物理模拟的正确性,将探地雷达技术有效地用于实际工程检测,以现有实际工程项目为依托,进行现场检测试验是必不可少的。现场检测试验选择了国内某新修建完成的高速公路 1km 路段。路段情况如下:

该高速公路结构层设计见图 2-18。其基层为 34cm 厚的水泥稳定碎石层,分上、下两次摊铺完成。所选试验路段,由于某些未知原因导致在摊铺面层之前基层已出现较多的横向开裂。为便于以后跟踪观察、养护和治理,建设项目部工程处对已经出现的横向裂缝的位置和宽度均做了详细记录。面层摊铺后三个月,外观检查良好,没有发现任何裂缝的迹象。项目部工程处为跟踪观察基层横向裂缝的目前发育状况,看原有裂缝是否继续变宽,是否又有新的裂缝出现,特委托河南省路通物探科技开发有限公司对该路段进行雷达测试。

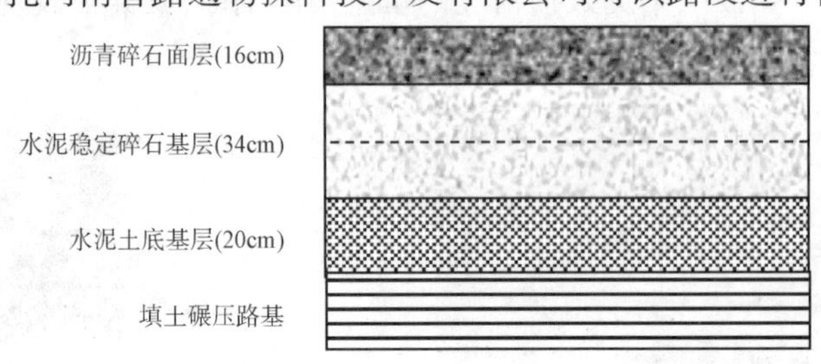

图 2-18　河南省某高速公路结构层设计厚度及材料

2.7.1　采集参数设计与试验选取

对地下隐含裂缝的检测与常规的雷达检测相比有很多区别。常规的雷达检测,以高速公路为例,主要包括结构层厚度、路基下沉、路基含水率增加、层间脱空、基层破碎等,涉及的检测目标体在横向上有较大的尺度,便于进行横向识别。常规检测时,根据地下目标体的埋深范围选取相应主频的雷达天线,一般采用地面耦合方式,空间采样点距为 0.2～0.5m;而地下隐含裂缝检测则不同,它的检测目标体在横向上的尺度很小,一般不超过 2cm,对于这样小尺度的异常体,若仍按常规的方法和采集参数进行检测,则多半异常目标会被漏掉,或偶尔检测到一两个异常也很难判定其真实性。所以,为达到对所有异常目标(裂缝)毫无遗漏地采集并获得较好的检测效果,对采集方法和参数的考虑和试验是很有必要的。

(1)雷达天线类型的选取

前面已经提及,雷达天线分很多类型,如屏蔽天线、非屏蔽天线(包括平板式天线、棒状天线)及采用空气耦合的喇叭形天线等,可根据检测目的不同进行适当选取。一般来讲,非屏蔽天线(包括平板式天线、棒状天线等)的探测深度较大。进行数据采集时,要求其发射和接收两个极板(极棒)之间的距离(偏移距)也设得较大。但由于其非屏蔽性,来自整个上半空间很强的电磁干扰也会被接收并记录下来。该类型天线较适于探测地下较深、横向上具有较大尺度的异常体,如路基沉陷、含水率偏高等,不适用于对路面基层裂缝的探测;空气耦合的喇叭形天线属于高频天线系列。其探测深度很浅,一般不超过 30cm,也不适用于裂缝检测;所以,在排除了其他类型的天线后,剩下的就只能选择屏蔽天线了。

(2)雷达天线主频的选取

屏蔽型探地雷达天线系列中,从 300 ~ 1000MHz,其主频与探测深度之间有很好的对应关系。一般来讲,天线主频越低,探测深度就越大。而主频又与其整体尺寸有关,主频越低,整体尺寸也越大,对应的收发偏移距也就越大。由于探地雷达天线为偶极极化天线,发射极化波的强度随发射角度而变。当雷达天线正对下方时,它在垂直方向上的发射强度最强,偏离垂直方向后逐渐减弱。所以,当某天线的探测深度较大时,并不意味着它也能兼顾浅层,相反,探测深度越大,其收发偏移距越大,对浅层的探测能力也就越差。图 2-19 示出了雷达天线频率、收发偏移距与地下可探测范围和最佳探测深度之间的对应关系。图中四个带阴影的矩形框定的范围对应着每种天线的地下可探测范围;A、B、C、D 对应着每种天线的最佳探测深度点。

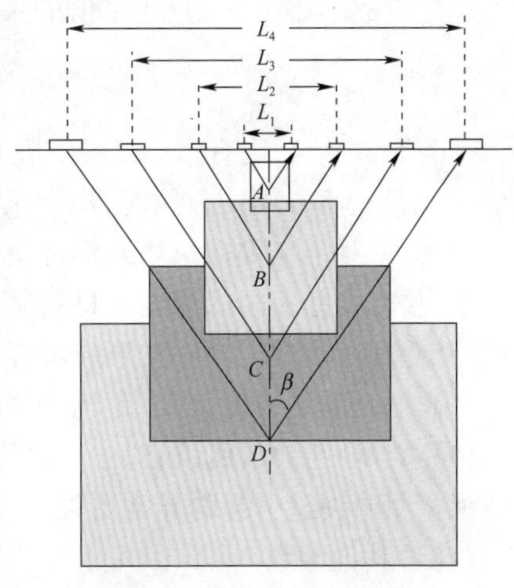

图 2-19　天线频率、收发偏移距

在前面的讨论中,为将问题简化,均假设雷达天线的收发偏移距为零,但实际的雷达天线收发偏移距均不为零。对于非零偏移距的情况,假定存在如图 2-19 所示的可探测范围和最佳探测深度的概念。可探测范围和最佳探测深度依赖于地下介质对雷达波的吸收衰减情况,不能一概而论。该图示可以选择合适频率的雷达天线,但在问题还没有真正搞透彻之前,最好不要盲目地通过定量计算来选择。

(3)横向采样间隔

横向采样间隔大小的选择对于是否能成功地实施和检测基层中隐含的横向裂缝非常关键。裂缝的最大宽度一般不超过 2cm。前面已经讨论过,对于垂直裂缝,只有当仪器位于其正上方时才能得到最强的散射信号,向两侧则快速衰减。如果横向采样间隔选择过大,很多裂缝有可能会被漏检;而如果选择过小,又会影响采集效率,进而牵涉很多其他问题。因为在车辆通行的情况下,在高速公路上进行慢速移动作业存在相当的风险,一来无法进行交通管制,二来因强行占道很容易引发交通事故。所以,如何以最短的时间来完成外业采集也很关键,是必须考虑的实际问题。

前面虽然说到,采用探地雷达检测垂直裂缝时,只有当天线位于裂缝的正上方时异常信号才最强,当天线偏离异常时,信号急剧衰减。但幸运的是,实际的雷达天线收发偏移距不为零,如 500MHz 主频的天线,其收发偏移距为 20cm(图 2-20),在其垂向可检测范围内,横向可检测范围至少不小于 20cm,在该范围内,只要存在裂缝,就一定会被雷达波射线穿透。

据此，一个地下裂缝，当其刚好位于500MHz雷达天线的可检测范围内时，它被天线有效跨越的距离至少为天线收发间距的2倍。若用L表示天线收发间距，Δx表示横向采样点距，N表示对垂直裂缝的可记录道数，则有$N=2L/\Delta x$。如对于500MHz雷达天线，当$\Delta x=5$cm时，$N=8$；当$\Delta x=20$cm时，$N=2$；而当$\Delta x=50$cm时，$N=0.8$。很显然，当$N\leqslant 1$时，属于有可能被漏检的情况。实际检测表明，N值不宜小于4（选择4的理由是：一个事件的偶然出现若连续超过了3次，就有足够的理由认为存在异常情况）。

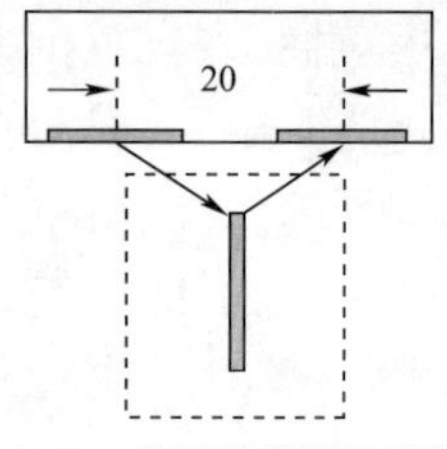

图2-20　收发偏移距与可检测范围(尺寸单位:cm)

所以，若已知某天线的收发间距为L，设计对横向微裂缝的可记录道数不小于N，满足N值的采样点距为Δx，则有：

$$\Delta x \leqslant \frac{2L}{N} \tag{2-9}$$

若取N为4，则有$\Delta x\leqslant L/2$。在现场检测实验中，设计对横向微裂缝的可记录道数N不小于8，选择500MHz天线时，横向采样点距为5cm。

其实，对于工程构筑物或构件，特别是混凝土材料构件，如高速公路混凝土结构层，一旦产生裂缝，裂缝表面的混凝土材料就直接暴露于空气或水中，在外界空气、水和温度变化的直接侵蚀作用下产生蚀变，形成蚀变带（图2-24）。位于蚀变带内的材料因蚀变程度不同，具有非均质电磁特性，在电磁场的作用下可显示较明显的异常。该非均匀条带的宽度较实际裂缝的宽度要大，所以，对于裂缝来说，特别是开裂时间较长的裂缝，它所引起的异常要比外观宽度的裂缝引起的异常更强、更明显。

（4）其他参数

其他参数包括每扫描样点数、时窗长度、垂直叠加次数等，只需按常规检测确定即可。这里每扫描样点数取512，时窗长度取30ns，垂直叠加次数取4次。

综上所述，针对某高速公路基层隐含裂缝的现场检测试验方法和主要采集参数为：

采用屏蔽型500MHz主频的雷达天线，横向采样间隔5cm，天线方向为两个极板连线方向与测线方向垂直（与裂缝发育方向平行），采用地面耦合方式，耦合距离2cm，每扫描样点数512，时窗长度30ns，垂直叠加次数4次。

2.7.2　现场资料采集

采集因素确定后，现场资料采集是很简单的，只是在采集过程中要特别注意安全问题。首先要征得有关交通管理部门的同意和配合，同时采取一些必要的防范措施，如在检测车后安装醒目的警示标志，检测人员着交通信号服，配备停车锥形标，如果条件许可，最好能有交警车在后面护航等，以充分保证外业施工安全。

在以上安全措施的保证下，在试验选定的1km路段上，仪器沿左幅紧急停车带连续扫描一遍，即完成外业试验检测，整个过程大约需要0.5h。

2.7.3　试验资料处理

（1）点距标准化。把实际采集记录的非标准点距标准化为标准点距。

（2）零点调整。把零时刻以前的记录切除。

（3）动校正。把非零偏记录校正为零偏记录（自激自收）。

(4)去除背景。突出异常。

(5)时深转换。将时间剖面转换为深度剖面。

2.7.4　试验资料分析

经过以上数据处理,得到深度剖面。考虑到总剖面较长,裂缝也较多,限于篇幅,这里只针对裂缝摘选部分剖面段进行显示。根据第 3 章关于裂缝的电磁波响应特征的论述对剖面中显示的异常进行分析解释。

为便于剖面解释,在剖面中添加了几个简单的符号,其意义如下:

箭头:箭头所指的位置为裂缝的上端点位置。

椭圆:被椭圆圈定的裂缝为在摊铺沥青碎石面层以前已经被记录在案的老裂缝。

矩形:被矩形圈定的裂缝以前没有记录,可能属于摊铺面层后出现的裂缝,或者裂缝早已存在,但在摊铺面层以前从基层表面观察不到(上端没有裂透基层,当时属于隐含裂缝)。

(1)裂缝的识别

为了在横向比例尺尽可能接近的情况下比较数值模拟、物理模拟和现场检测试验结果中裂缝异常的电磁波响应特征,我们将前面的数值模拟和物理模拟剖面按实际检测剖面的横向比例尺进行压缩,结果见图 2-21。

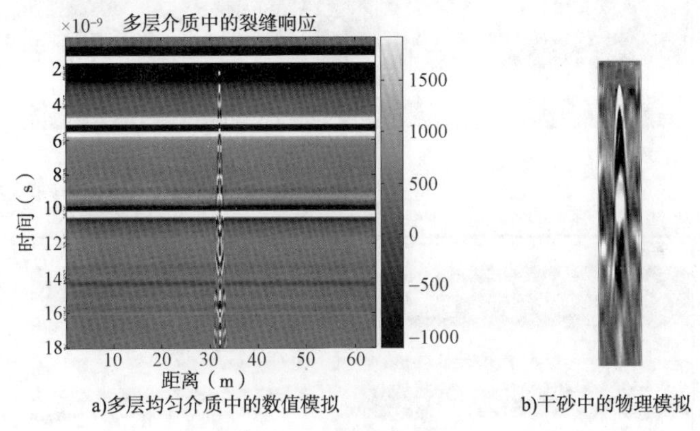

图 2-21　裂缝的数值模拟与物理模拟剖面

在针对裂缝采集的雷达检测剖面上,裂缝异常特征特别明显,表现为垂直的黑白相间的斑马条。前面已经对斑马条形成的原因进行了详细的分析,这里不再赘述。斑马条的宽窄直接反映了裂缝的宽窄,斑马条的上端点对应裂缝的顶端位置。由于垂直裂缝的多次散射波能量特别强,裂缝的底端深度很难直接确定,做动平衡处理后可较好确定。如图 2-22 左边的裂缝是一条新发育的裂缝,自基层顶面向下开裂,但还没有裂穿基层,否则,在底基层中应能看到明显多次波斑马条;而右边的裂缝不但向下很可能已裂穿基层,进入底基层,而且肯定已开始向上发展,因为剖面上清楚地显示出裂缝的顶端已进入面层的时窗范围。可见,该裂缝在面层摊铺后仍在发育。图 2-22、图 2-23 的剖面中的裂缝均属于摊铺面层后仍在发育的裂缝,而且已将面层下部撕裂并向上发展。图 2-24 示出了这些裂缝的发育机理和目前所处的状态。

裂缝的发育总是遵循从无到有、从窄到宽的规律。当水泥稳定碎石基层在某种力的作用下出现断裂后,随着时间的推移,裂缝会逐渐扩张、加宽。若面层与基层之间的结合非常紧密,首先是面层的下部,在裂缝的位置会受到拉张力的作用。当拉张力大到一定程度时,就会把面层的下部撕裂。又因为沥青面层属于柔性材料,在这种力的缓慢作用下,不会出现瞬间完全断裂,而是有一个缓慢的发育过程,所以,在时间较短的情况下,不可能从路表面观察到面层裂隙的存在,但在面层的下部,很多地方已经有裂缝开始向上延伸了!

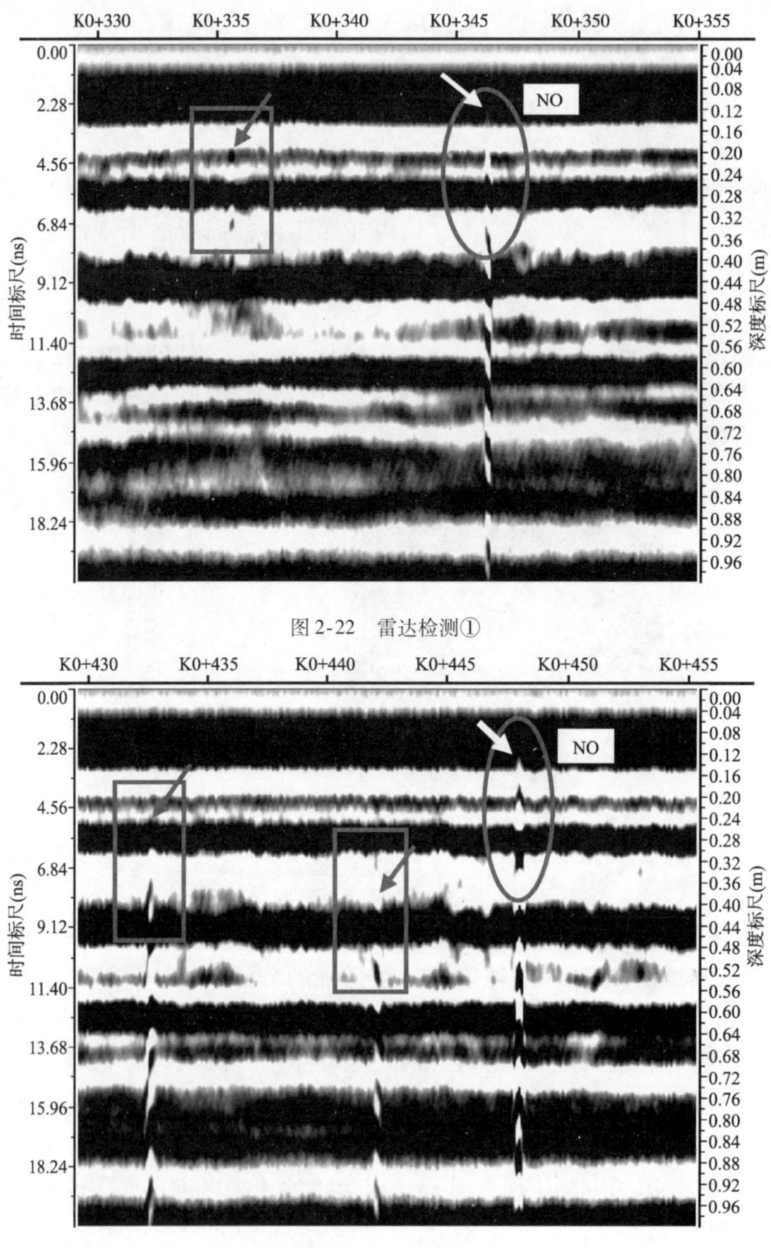

图 2-22　雷达检测①

图 2-23　雷达检测②

另外,大多数裂缝都表现为上窄下宽的渐变趋势,如图 2-22 剖面中右侧的裂缝,这一特征表现得就尤为突出。一般情况下,这并不代表着裂缝上窄下宽,而是由于第一菲涅耳带的宽度随深度增加而增大的缘故。第一菲涅耳带越宽，对应的跨越距就越大，采用同样的点距能记录到裂缝异常的道数就越多，在剖面上显得裂缝就越宽。这种宽窄的变化在浅层表现得更突出。

(2)裂缝倾斜方向的判别

第 3 章将要论述，当裂缝倾斜时，其倾向一侧的散射波能量较强，另一侧能量较弱。高速公路结构层中的裂缝，除属于层间脱空的水平裂缝外，以垂直裂缝最为常见。倾斜裂缝虽也存在，但所占比例相对较小。对于垂直裂缝，其特征表现为水平斑马条和倒麦穗。倾斜裂缝则表现为倾斜的斑马条。斑马条的倾向代表了裂缝的倾向。

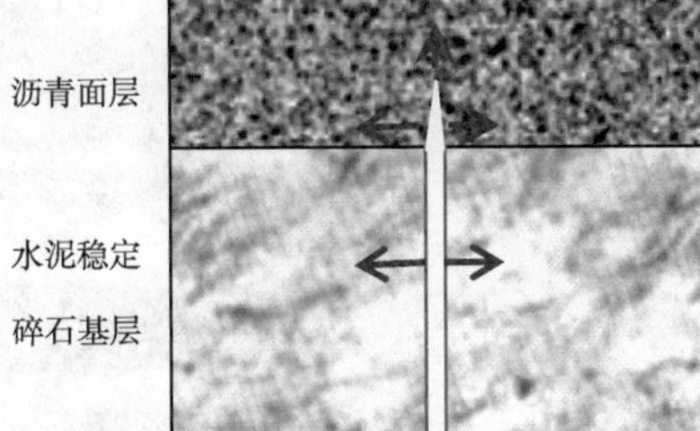

图 2-24　公路结构层垂直裂缝由下向上发展示意图

(3)裂缝顶深的含义

裂缝顶端的埋深可以非常确切地判定。因为顶端的埋深计算只依赖于裂缝顶部以上介质的雷达波速度。裂缝的顶深位置具有非常重要的含义。下面我们根据剖面反映的情况作一分析。

①部分裂缝在摊铺面层后继续发育。图 2-22 裂缝就属于这种情况。因为面层不可能在摊铺时就已经开裂，而是在基层裂缝的影响下才慢慢开裂的。

②根据裂缝的顶深位置来判定裂缝的发育方向。在高速公路结构层中，某结构层开裂，总是从一个面向另一个面开裂，要么从顶面向下开裂，要么从底面向上开裂，而几乎不可能是从结构层的内部向外开裂，因为这不符合力的作用原理。如果裂缝的顶端位于某结构层中，则该裂缝一定是从结构层的底面向上开裂；而如果裂缝的顶端位于某结构层的顶面，则有可能是两种情况中的一种。但如果裂缝异常的顶部清晰干脆，下部逐渐减弱，或者在下一层中看不到明显的多次波，则该裂缝多是从结构层的顶部向下开裂的，而且基本上没有裂穿，如图 2-25 中左面的裂缝都属于这种情况。图 2-26 中下面的方框表示该裂缝发育在底基层中。图 2-25 和图 2-26 中最上面方框锁定的裂缝虽然很细微，但因它们是发育在面层中，而且很快就会使面层完全裂穿，导致雨水下渗，引起水毁病害，应引起足够重视。

2.7.5　试验结果总结

在理论分析、数值模拟和物理模拟的基础上，通过现场试验充分证实了采用探地雷达法检测地下隐含裂缝的可行性和可靠性。现场试验是成功的，试验结果是令人满意的。这进一步证实了前面的理论分析、数值模拟、物理模拟及对采集方法和参数的试验、论证和选取是正确的。研究成果转化为实用检测技术，对促进我国乃至世界经济发展具有重大的现实意义。现对试验结果总结如下：

(1)通过采用探地雷达法对某高速公路 1km 路段现场检测试验，全面查明了该路段隐含在基层和底基层中的新老垂直裂缝。

(2)详细提供了各隐含裂缝的横向位置和顶点深度等。

(3)对裂缝的纵向延伸范围进行了合理的分析。

(4)从波场强弱的角度提供了裂缝大小宽窄方面的信息。

(5)分析了部分裂缝向上发展的趋势,为下一步的养护治理提供了科学的依据。

基于以上检测结果,可以做如下大胆的预言:探地雷达法在未来高速公路养护监控中必将发挥巨大的作用。

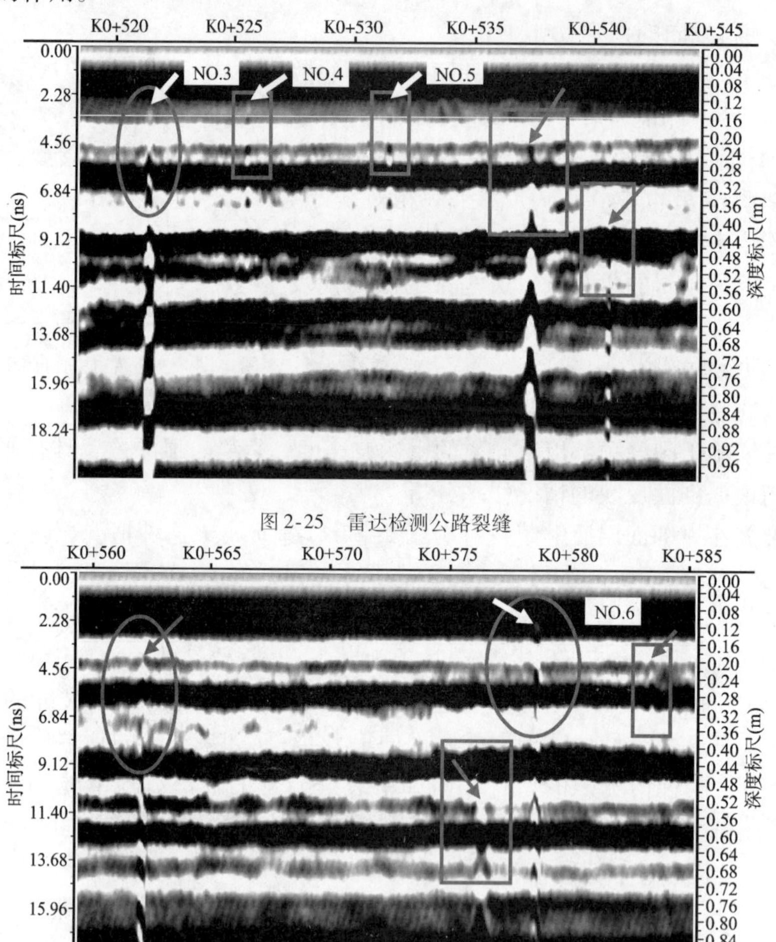

图 2-25　雷达检测公路裂缝

图 2-26　雷达检测公路裂缝

第3章 半刚性基层沥青路面裂缝发展规律

运用裂缝雷达检测技术，可以检测出裂缝的深度、位置、斜度、表面以下裂缝的宽度等指标。裂缝的深度是指裂缝的最下部在路面的位置；裂缝的位置是指裂缝最上部在路面的部位及裂缝在道路上的坐标；裂缝的斜度是指裂缝在某深度开始倾斜，倾角多少；表面以下裂缝的宽度是指任何截面下裂缝的宽度。

为了更科学地解决裂缝问题，有必要运用裂缝检测技术研究半刚性基层沥青路面裂缝发展规律，只有掌握了半刚性基层沥青路面裂缝发展规律，才能使裂缝处治寿命更长久。

3.1 半刚性基层开裂及发展规律

3.1.1 基层裂缝调查

为便于通车后进行半刚性基层沥青路面开裂及发展规律的研究，课题组在大庆至广州高速公路濮阳段进行了试验检测，业主要求路基施工单位和路面施工单位在基层越冬前、后各做一次裂缝调查，并用数码照相机拍照汇集成册存档，做好裂缝长度、宽度、位置桩号记录。在面层施工前再进行一次裂缝雷达检测普查，观察越冬后裂缝深度、宽度的变化。

图3-1、图3-2是河南大广线濮阳段高速公路路面九标和路面十标进行裂缝统计的照片。图3-1是洒过透层油的，图3-2是未洒透层油的，从照片可以看出，两条裂缝均不宽，说明越冬后裂缝扩展缓慢。

图3-3路缘石上标注“F”的位置代表该处有裂缝，在今后的若干年内，在该位置将多次通过地质雷达检测反射裂缝的产生、变化，继续深入进行半刚性基层沥青路面开裂及发展规律的研究。

图3-1 九标裂缝统计照片

图3-2 十标裂缝统计照片

图3-3 标注裂缝位置“F”照片

3.1.2 裂缝追踪研究

为了进一步研究半刚性基层沥青路面开裂及发展规律,河南大广线濮阳段高速公路采用探地雷达,对已产生的裂缝定期检测,研究其发展及扩展规律(图3-4),对于未产生裂缝的段落观察是否产生新的开裂。

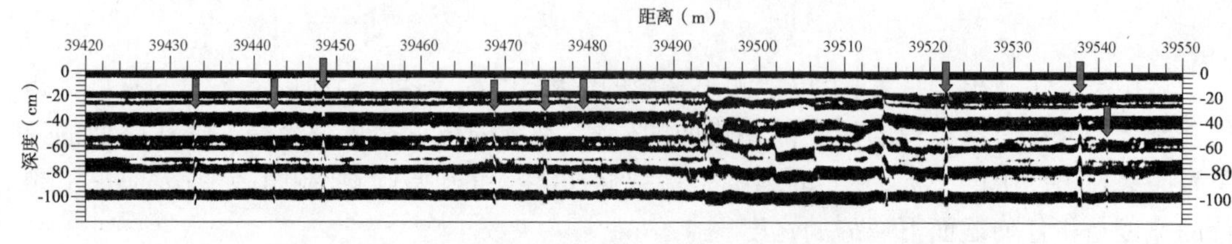

图3-4 地质雷达检测公路结构层裂缝

3.1.3 骨架密实水泥稳定碎石基层开裂预估及裂缝发展

1. 理论计算法

使用裂纹形成阶段的 S-N 曲线,拟合损伤演化方程中的材料参量;然后利用损伤力学有限元法绘制裂纹扩展阶段的 a-N 曲线。该方法是根据损伤学理论计算得到的,前面已做了详细说明,这里不再重复。

也可以用断裂力学,通过 ANSYS 软件计算裂纹的疲劳寿命。

根据求得的疲劳寿命,初估裂纹的开裂时间;根据开裂时间,可预估基层的裂缝量。

2. 试验法

先通过试验测量出水泥稳定碎石基层混合料的收缩率,设定一评价段落,计算该段落水泥稳定碎石混合料的总体积,与收缩率相乘得出收缩体积,收缩体积除以基层宽度和基层厚度即为总的收缩长度,可大致估出不同宽度的裂缝大约有多少条。

标准双向四车道高速公路的基层宽度一般为13m,厚度按36cm,根据天津市市政工程研究院试验得出的骨架密实结构水泥稳定碎石混合料的收缩率为 $10\times10^{-6}\sim120\times10^{-6}$,据此可计算出每公里基层的收缩长度为1~12cm。最小的收缩长度为1 cm,意味着可能没有宏观裂缝,或者仅一条1 cm宽的裂缝;最大的收缩长度为12cm,也就是宽度为1cm的裂缝12条,裂缝平均间距约80m。

上面的计算结果与工程实际还是比较吻合的,计算结果表明,水泥稳定碎石基层可以1km没有裂缝,这一结果在大广线濮阳段高速公路和河南岭南高速公路得到证实。计算得出的最小间距为80m,与河北青银高速公路的统计结果比较吻合。

3. 经验公式法

1)经验公式

根据多年的水泥稳定碎石基层裂缝研究的经验,提出水泥稳定碎石基层裂缝预估的经验公式:

$$L=\frac{1000}{ABCDE} \tag{3-1}$$

式中:L——裂缝平均间距;

A——级配系数,当级配为骨架密实结构时 $A=1$,当级配为悬浮结构时 $A=8$;

B——成型方式系数，取值见表 3-1；

C——0.075mm 以下粉料含量系数，取值见表 3-2；

D——施工季节系数，春秋季 $D=1$，夏季 $D=1.5$，冬季 $D=2$；

E——水泥剂量系数，取值见表 3-3。

成型方式系数取值表　　表 3-1

$\rho_{振动击实}/\rho_{重型击实}$	>1.06	1.041 ~ 1.06	1.02 ~ 1.04	<1.02
B	1	2	3	4

$$采用线性回归后：B = 54.5082 - 50\rho_{振动击实}/\rho_{重型击实} \tag{3-2}$$

0.075mm 以下粉料含量系数取值表　　表 3-2

0.075mm 以下粉料含量 β(%)	< 3	3 ~ 5	5.1 ~ 7	> 7
C	1	1.5	1.8	2

$$采用线性回归后：C = 0.6021 + 0.1982\beta \tag{3-3}$$

水泥剂量系数取值表　　表 3-3

水泥剂量 γ(%)	3 ~ 4.25	4.26 ~ 5	5.1 ~ 6	> 6
骨架密实结构 E_g	1	1.5	1.8	2
悬浮结构 E_x	2	2.5	3	4

$$采用线性回归后：E_g = 0.25148 + 0.24991\gamma \tag{3-4}$$

$$E_x = 1.24973 + 0.25004\gamma \tag{3-5}$$

2) 系数取值的依据

上面的级配系数、成型方式系数、0.075mm 以下粉料含量系数、施工季节系数、水泥剂量系数，是建立在一系列的试验数据基层上的，是经过数理统计后运用线性回归方法而得的。

(1) 级配系数

图 3-5 是六种骨架密实结构级配（表 3-4）和六种悬浮结构级配（表 3-5）分别采用静压成型和振动成型试件的断裂韧度柱状对比图。

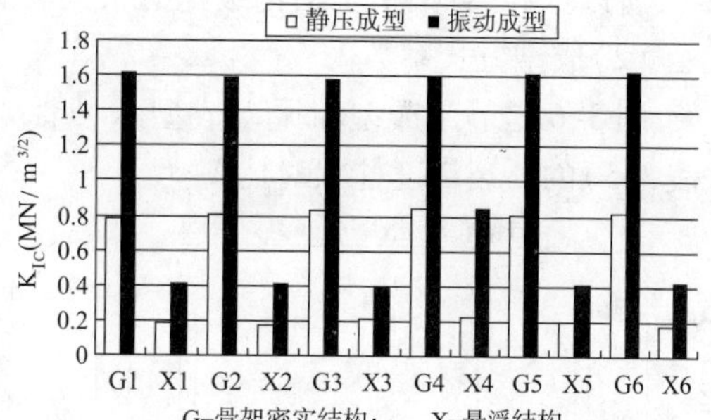

图 3-5　不同级配类型不同成型方式下的断裂韧度柱状对比图

骨架密实结构试验研究级配范围　　表 3-4

级配	通过下列筛孔(mm)的质量百分率(%)						
	31.5	19	9.5	4.75	2.36	0.6	0.075
1	100	77	48	27	22	11.5	1.5
2	100	82.5	52	34	22	11.5	2
3	100	80.5	57	39	26	15	3.5
4	100	80	53	34.5	22	12	2.5
5	100	95	70	39	23.5	13	2.5
6	100	90	60	29	15	6	0

悬浮结构试验研究级配范围　　表 3-5

级配	通过下列筛孔(mm)的质量百分率(%)							
	31.5	26.5	19	9.5	4.75	2.36	0.6	0.075
1	100	95	80.5	57	39	26	15	3.5
2	100	100	100	80	49	32	22	5
3	100	100	98	77	32	18	9	2
4	100	96	78	56	41	26	13	3.5
5	100	100	89	66	45	35	22	5
6	100	98	86	63	29	20	11	2

从图 3-5 可以看出:

对于骨架密实结构六种级配和悬浮结构六种级配,采用相同的成型方式,其断裂韧度在数值上差别不大,所以为了计算和分析方便,骨架密实结构级配选取一个数值,悬浮结构级配选取一个数值,不再对相同级配类型的不同级配进行细分。

相同的级配类型,采用不同的成型方式,振动成型混合料的断裂韧度约为静压成型混合料的两倍;不同的级配类型采用相同的成型方式,悬浮结构级配的断裂韧度约为骨架密实结构级配的四分之一。

不同的结构类型,采用不同的成型方式,即振动成型骨架密实结构级配的断裂韧度约为静压成型悬浮结构级配的 8 倍。

所以据此,骨架密实结构级配的系数取值为 1,悬浮结构级配的系数取值为 8。

(2)成型方式系数

图 3-6 是静压成型和振动成型六种骨架密实结构级配(表 3-4)和六种悬浮结构级配(表 3-5)的断裂韧度柱状对比图。

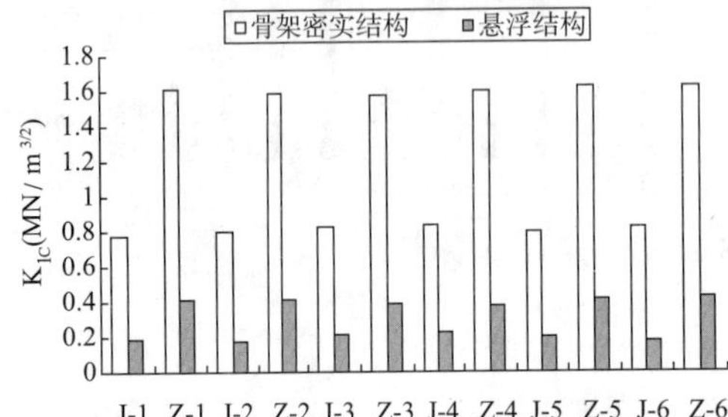

图 3-6　不同成型方式不同类型级配的断裂韧度柱状对比图

注:J-静压成型;Z-振动成型;1、2、3、4、5、6-级配编号

从图 3-6 可以看出,相同类型的级配选用不同的成型方式,悬浮结构级配的断裂韧度约为骨架密实结构级配的二分之一;不同类型的级配选用相同的成型方式,静压成型的断裂韧度是振动成型断裂韧度的二分之一。

据此,成型方式系数最高取值为 4,最低取值为 1,并根据振动成型密度与静压成型密度比值的不同,划分为四档,取值分别为 1、2、3、4。

(3)0.075mm 以下粉料含量系数

图 3-7 是不同粉料含量不同级配类型的断裂韧度柱状对比图。一般情况下,骨架密实结构级配 0.075mm 以下粉料含量为 4% ~6%,悬浮结构级配 0.075mm 以下粉料含量为 8% ~10%,从图 3-7 可以看出,悬浮结构级配的断裂韧度约为骨架密实结构级配的二分之一,所以不再区分成型方式和级配类型的不同,0.075mm以下粉料含量系数最高取值为 2,最低取值为 1,并根据 0.075mm 以下粉料含量的高低划为四档,取值分别为 1、1.5、1.8、2。

(4)施工季节系数

根据参考文献提供的资料，文献作者通过对不同温缩系数的不同降温幅度下的应力强度因子数值进行线性回归，得出应力强度因子 K 与基层材料的温缩系数 α_{T} 和降温幅度 ΛT 的关系式为：

$$K = c\alpha_{\mathrm{T}}\Lambda T + d\alpha_{\mathrm{T}} + e\Lambda T + f \tag{3-6}$$

式中：c、d、e、f——回归参数。

根据国内大部分地区的温度统计结果，将降温幅度值代入式(3-6)，得出不同降温幅度的应力强度因子最高值约为最低值的两倍左右，并根据季节的不同，将施工季节系数取为：春秋季 $D=1$；夏季 $D=1.5$；冬季 $D=2$。

(5)水泥剂量系数

图3-8为不同水泥剂量下的断裂韧度对比图，根据施工情况，一般施工时骨架密实结构级配水泥剂量为4%～5%，悬浮结构级配的水泥剂量为6%～7%。从图3-8可以看出，水泥剂量为6%～7%的断裂韧度是水泥剂量为4%～5%的二分之一，考虑到成型方式不同的影响因素，水泥剂量系数最高取值为4，最低取值为1。由于水泥剂量对悬浮结构级配影响较大，又将水泥剂量系数按级配类型的不同进行了细分，见表3-3。

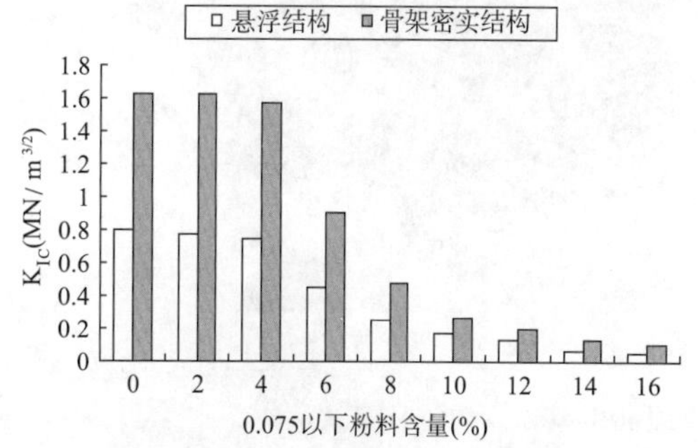

图3-7　不同粉料含量不同级配类型的断裂韧度柱状对比图

图3-8　不同水泥剂量下的断裂韧度对比图

作者运用本公式对国内十几条高速公路的裂缝统计进行了验证，结果表明：计算结果与统计结果基本是吻合的。

3.2　我国半刚性基层沥青路面与国外全厚式沥青路面裂缝对比

3.2.1　国外全厚式沥青路面裂缝

国外高速公路大多使用全厚式路面，国外全厚式沥青路面裂缝主要是：从上向下发展(Top－Down，图3-9)。

a)

b)

c)

图3-9　Top－Down 裂缝

3.2.2 我国半刚性基层沥青路面裂缝

我国半刚性基层沥青路面裂缝主要是:从下向上发展(Down - Top),即从半刚性基层产生裂缝,然后向沥青面层发展,俗称反射裂缝(图3-10)。

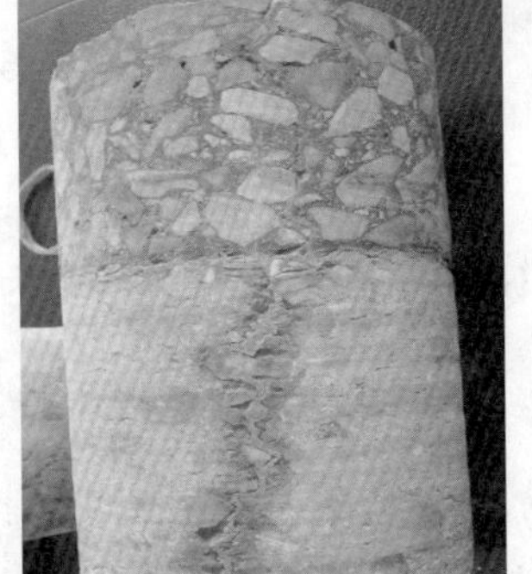

图3-10 Down - Top 裂缝

3.2.3 沥青面层裂缝产生机理

(1)沥青混凝土内部有无数的细小裂缝(图3-11)。

(2)沥青路面在荷载和温度的双重作用下,产生应力集中。

(3)外荷卸载及温度变化后,应力集中消除。

(4)新的荷载和温度,产生新的应力集中。

(5)反复的应力集中和应力集中消除,使路面裂缝产生疲劳,裂缝开始扩展。

(6)沥青路面在荷载和温度的反复作用下,裂缝扩展不断发展,直至贯穿整个沥青面层。

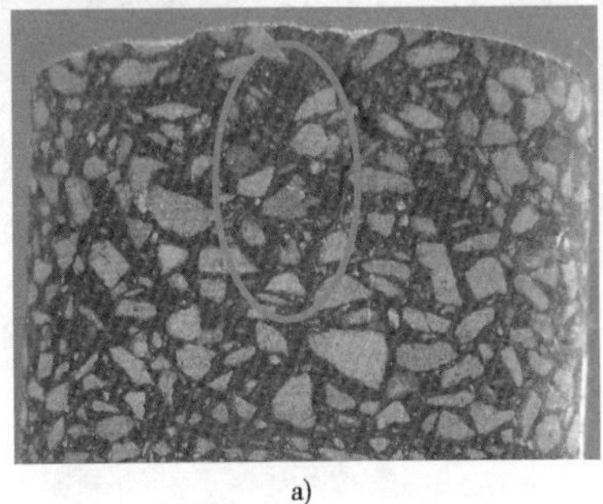

a)

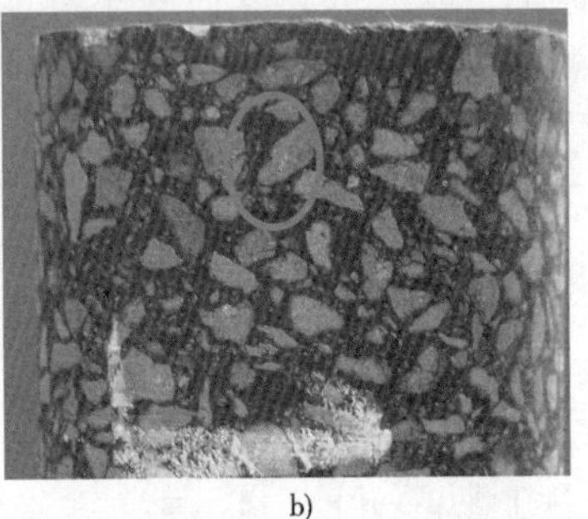

b)

图3-11 沥青混凝土内部裂缝

Top - Down 裂缝产生过程见图3-12。

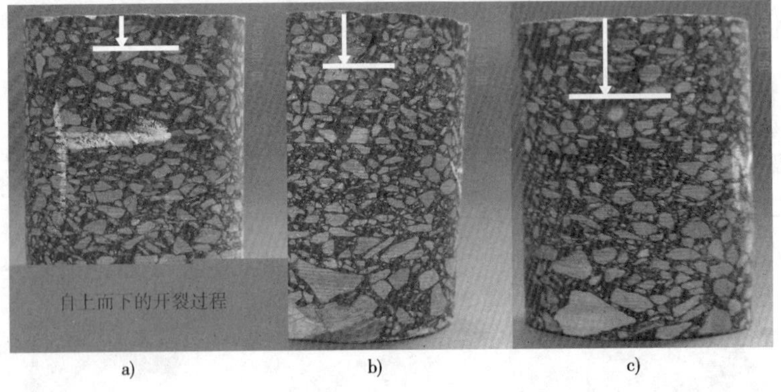

a) b) c)

图3-12 Top - Down 裂缝产生过程

3.2.4 反射裂缝的产生机理

(1)半刚性基层铺筑后,由于温缩和干缩产生裂缝。半刚性基层铺筑后5天左右就开始产生裂缝,直到寿命结束。

(2)半刚性基层内部有宏观裂缝和微观裂缝,在沥青面层铺筑前,半刚性基层已经产生大量的宏观裂缝。

(3)在基层裂缝顶端与沥青面层底部接触的部位,在行车荷载的反复作用下,产生应力集中和应力消除,使该部位的沥青路面发生疲劳破坏。

(4)沥青面层内部的微裂缝疲劳后,在应力作用下进行扩展。

(5)沥青面层裂缝扩展时,伴有剪切破坏。

(6)裂缝扩展反复进行,直至贯穿整个沥青面层(图 3-13)。

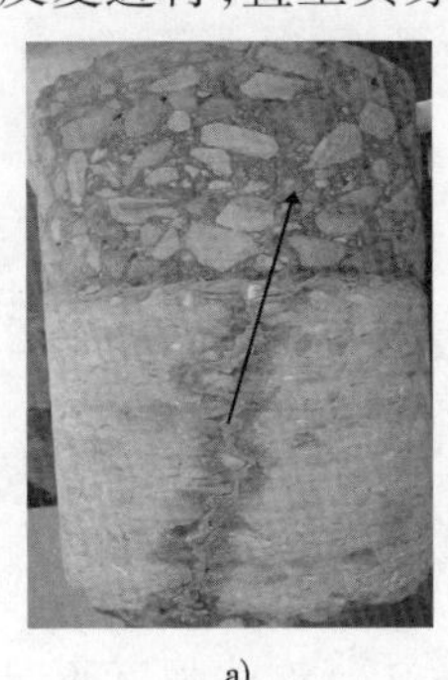

a)

b)

图 3-13　反射裂缝产生过程

3.3　我国高速公路路面裂缝早期破坏

交通部[1]公路科学研究所承担的交通部西部大开发研究项目——“高速公路早期病害预防措施的研究”课题,通过对我国不同地区已建成的约 48 条高速公路沥青路面的早期病害发生的原因、如何预防进行了认真的研究。研究发现,许多沥青路面建成不久,在当年或者 2 ~ 3 年沥青路面就发生不同程度的车辙、坑槽、龟裂、网裂(图 3-14)等早期损坏。

a)

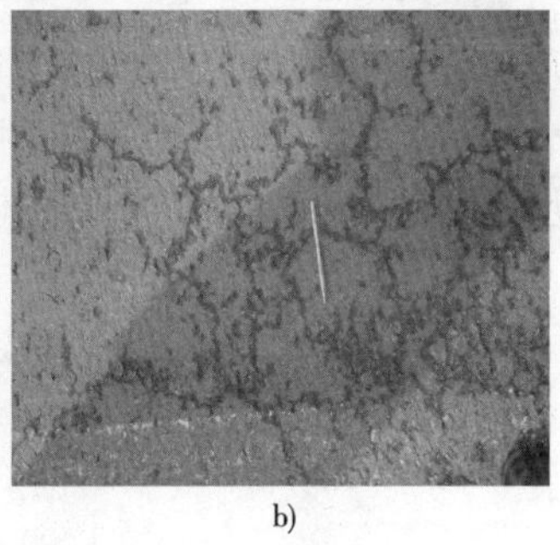

b)

图 3-14　网裂、龟裂破坏

传统的龟裂为 Bottom – Up 破坏,新龟裂(剪切)为 Top – Down 破坏,损坏机理为弯拉疲劳、剪切疲劳。

3.3.1　传统损坏与早期破坏比较

(1)传统损坏

①产生于长期使用后;

②与整体抗力关系明显;

[1]交通部于 2008 年 3 月更名为交通运输部。

③雨水的影响明显;

④开裂产生于结构层底部,向上发展;

⑤损坏随累计 ESAL 增加缓慢增长;

⑥伴随非荷载型损坏。

(2)早期破坏

①产生于路面使用初期;

②与结构的整体抗力无正相关性;

③重载的影响明显;

④损坏起于面层,开裂向下传播;

⑤雨水具有明显的影响;

⑥发展速度很快。

3.3.2 裂缝破坏模式

裂缝早期破坏有三种模式(表 3-6):初期损坏(模式 1),整体强度不足造成的疲劳开裂;早期损坏(模式 2),剪切疲劳造成的纵向开裂;正常损坏(模式 3),低温开裂。

裂缝早期破坏模式 表 3-6

破坏模式	表现形式	产生原因
初期损坏	Top - Down 开裂	动水作用、重载等原因
早期损坏	龟裂, Top - Down 开裂,横向裂缝等	设计、施工等原因
正常损坏	龟裂,Top - Down 开裂,横向裂缝,块裂等	接近、达到寿命

3.3.3 裂缝对路面的危害

路面一旦出现裂缝,就很容易导致水的下渗,当外荷载作用时,在结构层内部产生冲刷,从而导致裂缝发展加快,而半刚性基层稳定性较差,极易产生水损害,造成基层松散破坏,最后导致路面结构性破坏,影响路面的使用功能。

第4章　裂缝评价

半刚性基层沥青路面裂缝，从表观上分为纵向裂缝（图4-1）、横向裂缝（图4-2）、纵横裂缝（图4-3）、块状裂缝（图4-4）、龟裂（图4-5）和网裂（图4-6）等。

图4-1　纵向裂缝

图4-2　横向裂缝

图4-3　纵横裂缝

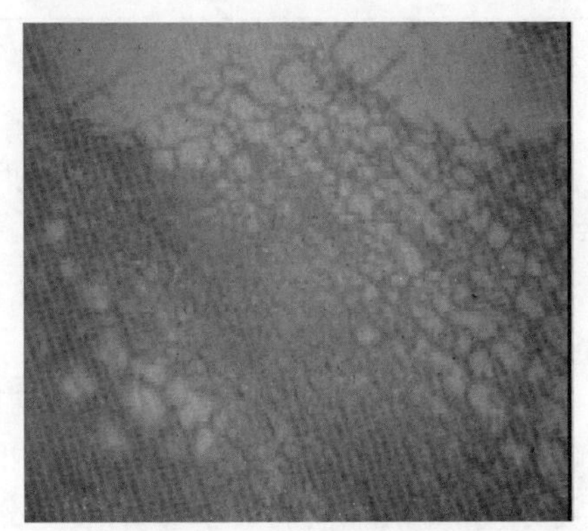

图4-4　块状裂缝

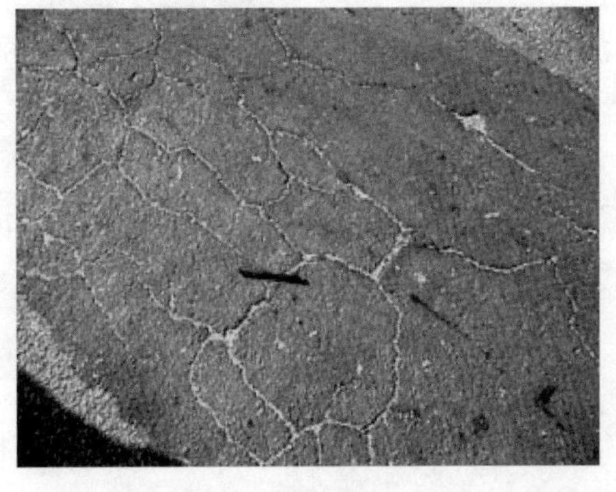

图4-5　龟裂

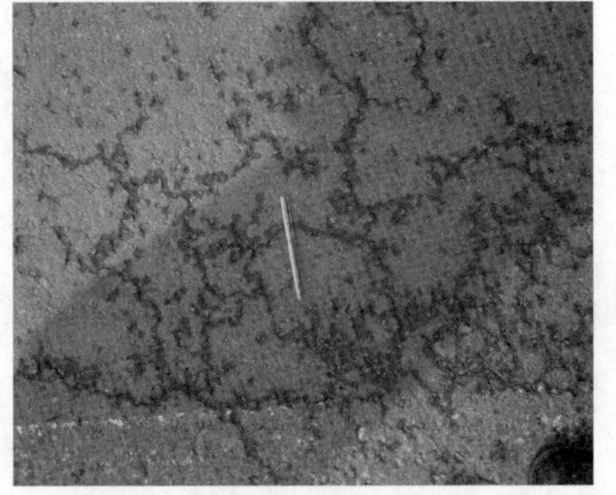

图4-6　网裂

半刚性基层沥青路面裂缝,单从表观上无法反映裂缝的成因及严重程度,要对半刚性基层沥青路面裂缝进行详细的分类必须借助裂缝检测技术,得出裂缝的位置、深度、斜度、宽度等指标。

4.1 传统的裂缝分类方法

《公路技术状况评定标准》(JTG H20—2007)将路面裂缝分为龟裂、块状裂缝、纵向裂缝、横向裂缝四大类(表4-1)。

传统的裂缝分类方法及标准　　表4-1

病害名称	病害特征	分级	分级指标及标准
龟裂	裂缝呈龟背状	轻	主要裂缝宽度≤2mm,主要裂缝块度0.2~0.5m
		中	主要裂缝宽度2~5mm,部分裂缝块度≤0.2m
		重	主要裂缝宽度≥5mm,大部分裂缝块度<0.2m
块状裂缝	裂缝呈不均匀的块状	轻	裂缝宽度≤3mm,大部分裂缝块度≥1.0 m
		重	裂缝宽度>3mm,主要裂缝块度0.5~1.0m
纵向裂缝	裂缝纵向分布	轻	裂缝宽度≤3mm
		重	主要裂缝宽度>3mm
横向裂缝	裂缝横向分布	轻	裂缝宽度≤3mm
		重	主要裂缝宽度>3mm

与表4-1可以看出,传统裂缝的分类以裂缝宽度为主要指标,兼考虑了裂缝块度。

4.2 传统的裂缝分类方法存在的问题

传统的裂缝分类方法存在下列问题:

(1)传统的裂缝分级标准仅考虑裂缝宽度。传统的裂缝分类方法以裂缝宽度为主要指标,基本没有考虑其他因素。

(2)传统的裂缝分级标准没有考虑裂缝的位置、深度、危害程度。传统的裂缝分类方法无法反映出裂缝的位置、深度等指标,裂缝可能在上面层,也可能在上面层和中面层,也有可能已经贯穿整个面层和基层。传统的裂缝分类方法更没有体现出裂缝的危害程度,因为仅从裂缝宽窄无法准确反映裂缝的危害程度。

(3)传统的裂缝分级标准没有反应裂缝产生的原因。传统的裂缝分类方法无法反映出裂缝产生的原因,因为裂缝形成的因素很多,无法体现出裂缝是因疲劳产生或是因为基层反射产生。

原因分析:

传统的裂缝分类方法之所以存在上述问题,是因为以前没有完善的裂缝检测技术,无法检测出裂缝的深度、位置、斜度、表面以下裂缝的宽度等指标。归根到底是受检测的限制。

4.3 新的裂缝分类方法

运用裂缝雷达检测技术,可以检测出裂缝的深度、位置、斜度、表面以下裂缝的宽度等指标,鉴于该情况,将路面裂缝进行重新分类(表4-2)。

新的裂缝分类方法及标准　　表4-2

病害名称	病害特征	分级	分级指标及标准
网裂、龟裂	表面呈块状，半刚性基层完好	轻	裂缝深度未贯穿上面层和中面层，主要裂缝宽度≤2mm，主要裂缝块度0.2~0.5m
		中	裂缝深度贯穿到下面层，主要裂缝宽度2~5mm，部分裂缝块度≤0.2m
		重	裂缝深度贯穿整个沥青面层且深入基层中，主要裂缝宽度≥5mm，大部分裂缝块度<0.2m
沥青面层裂缝	半刚性基层完好	轻	裂缝深度未贯穿上面层，主要裂缝宽度≤3mm
		中	裂缝深度贯穿上面层进入中面层，主要裂缝宽度3~6mm
		重	裂缝深度贯穿整个沥青面层，主要裂缝宽度≥6mm
反射裂缝	裂缝贯穿沥青面层	轻	裂缝深度贯穿沥青路面和上基层，主要裂缝宽度≤5mm
		中	裂缝深度贯穿沥青路面和基层，主要裂缝宽度5~10mm
		重	裂缝深度贯穿沥青路面和基层且深入底基层，主要裂缝宽度≥10mm
隐性裂缝	沥青路面表面无裂缝痕迹	轻	裂缝产生于上面层、中面层或下面层，但尚未贯穿产生的层位，或反射裂缝仅深入下面层，主要裂缝宽度≤4mm
		中	面层产生的裂缝贯穿中面层或下面层，或反射裂缝已深入中面层，主要裂缝宽度4~8mm
		重	面层产生的裂缝贯穿下面层和中面层且深入上面层，或反射裂缝已深入上面层，主要裂缝宽度≥8mm

新的裂缝分类方法，不仅考虑裂缝宽度，而且考虑裂缝的位置、深度、危害程度及裂缝产生的原因。显然新的分类方法更科学，为彻底处理裂缝病害提供了技术上的支持。

采用地质雷达技术，不仅能检测出表面已经显现的裂缝，还能检测出表面不显现的裂缝，但是下面已经开裂的裂缝，称为隐性裂缝(图4-7)。

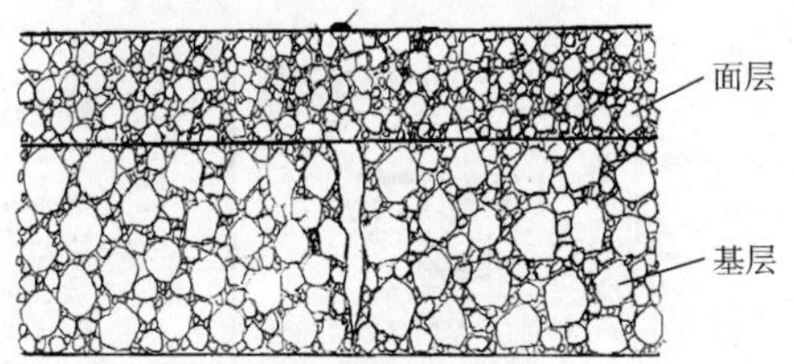

图4-7　隐性裂缝

第 5 章　路面裂缝焊接技术

目前,高速公路常规的裂缝处治大多采用灌缝,但是,我国的普通公路和高速公路基层大多为半刚性基层,反射裂缝占主导地位,反射裂缝是从下往上发展的裂缝,传统的裂缝处治技术灌缝或抗裂贴只能解决封水问题,而不能从根本上治愈裂缝,解决不了因裂缝产生的结构性破坏问题;由于常规的灌缝材料沥青材料、沥青材料的复合品、珪酮胶(玻璃胶)等与沥青路面的沥青混凝土和半刚性基层的水泥稳定碎石材料差别较大,灌入的灌缝材料与路面沥青面层和基层热胀冷缩不一致,灌好的缝易开裂,灌缝后只能维持很短的时间,一条缝要反复处理,要耗费极大的人力、财力;常规的灌缝施工不对裂缝病害进行无损检测,对裂缝的深度及所处的层位不明确,不对裂缝病害进行分类,采用统一的灌缝工艺,施工效果差;灌缝施工结束后,只对灌缝的表面进行检测,不检测灌缝料灌入的深度和密实度,施工质量检测不全面。

为了解决高速公路常规的裂缝处治存在的问题,本研究采用裂缝焊接成套技术,裂缝焊接料能与沥青面层和基层有效结合形成整体,从根本上治愈了裂缝,解决了因裂缝产生的结构性破坏问题。

路面裂缝焊接成套技术包括四大部分:

(1)路面裂缝检测技术;

(2)路面裂缝焊接料;

(3)路面裂缝焊接设备;

(4)路面裂缝焊接施工工艺。

路面裂缝焊接成套技术申报了七项国家专利,路面裂缝检测技术获河南省科技进步二等奖(图 5-1)。

图 5-1　路面裂缝焊接成套技术获奖及专利情况

5.1　常规路面裂缝处理材料及技术存在的缺陷

(1)目前,普通公路和高速公路常规的裂缝处治大多采用灌缝或抗裂贴等,但是,我国的普通公路和高速公路基层大多为半刚性基层,反射裂缝占主导地位,反射裂缝是从下往上发展的裂缝,传统的裂缝处治技术灌缝或抗裂贴只能解决封水问题,而不能从根本上治愈裂缝,解决不了因裂缝产生的结构性破坏问题。

(2)目前的灌缝材料基本上是沥青材料或沥青材料的复合品,有的采用硅酮胶(玻璃胶),这些灌缝材料有一个共同的缺陷,就是没有渗透性和膨胀性,无法处理细小的裂缝和支缝,封水效果差。

(3)常规的灌缝材料沥青材料、沥青材料的复合品、硅酮胶(玻璃胶)等与沥青路面的沥青混凝土和半刚性基层的水泥稳定碎石材料差别较大,不能有效结合形成整体。

(4)由于常规的灌缝材料沥青材料、沥青材料的复合品、硅酮胶(玻璃胶)等与沥青路面的沥青混凝土和半刚性基层的水泥稳定碎石材料差别较大,灌入的灌缝材料与路面沥青面层和基层热胀冷缩不一致,灌好的缝易开裂,灌缝后只能维持很短的时间,一条缝要反复处理,要耗费极大的人力、财力。

(5)常规的灌缝施工处理路面网裂和龟裂时效果较差。

(6)常规的灌缝施工不对裂缝病害进行无损检测,对裂缝的深度及所处的层位不明确,不对裂缝病害进行分类,采用统一的灌缝工艺,施工效果差。

(7)灌缝施工结束后,只对灌缝的表面进行检测,不检测灌缝料灌入的深度和密实度,施工质量检测不全面。

5.2　路面裂缝焊接构想

路面焊接必须满足下列条件:

(1)解决裂缝结构性破坏问题,不能仅限于封水,基本达到根治裂缝的目的。

(2)寿命长,原则上不再在焊接处开裂。

(3)焊接材料与原路面材料接近。

(4)焊接处路面性能满足设计要求,各项检测指标(如面层的稳定度、流值,基层的强度等)满足要求。

高速公路裂缝焊接可对路面的裂缝进行结构性的修复,路面裂缝焊接料能与沥青面层和基层有效结合形成整体,焊接好的缝结构稳定,寿命长,不需要反复处理,节约人力、财力。高速公路裂缝焊接不受季节和气温限制、施工速度快、成本低、外形美观,成为一种理想的裂缝处治技术。

5.3　路面裂缝焊接实施措施

(1)引入裂缝无损检测技术,探测出每条裂缝的宽度、深度及所处的层位,然后根据检测结果,对路面裂缝进行分类,对于不同的裂缝,选择不同的路面裂缝焊接料和不同的施工工艺。

(2)选择合适的焊接材料。

(3)配套的焊接设备。

(4)科学的施工工艺和质量控制措施。

通过上述措施,使路面裂缝焊接为结构性修复,高速公路常规的裂缝处治大多采用灌缝(图5-2),只能解决封水问题,解决不了因裂缝产生的结构性破坏问题。而裂缝焊接是裂缝焊接料充分填充路面裂缝的所有缝隙,从而将断开的路面裂缝有效连接为一个整体,对路面的裂缝进行结构性的修复(图5-3)。

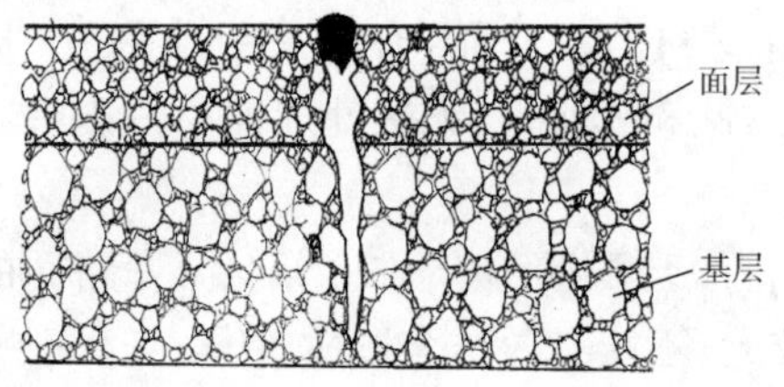

图5-2　常规灌缝示意图

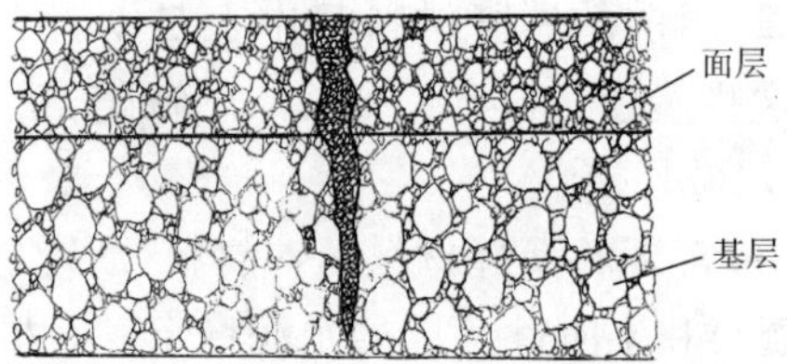

图5-3　裂缝焊接示意图

具体的措施为:

(1)独特的施工工艺。高速公路常规的灌缝裂缝处治施工工艺是:将灌缝料从裂缝的上部向下灌,不能将裂缝缝隙充分填充,尤其是裂缝的下半部分,灌缝料很难进入。高速公路路面裂缝以反射裂缝为主,路面反射裂缝焊接施工时,裂缝焊接料从下向上填充裂缝缝隙,能将裂缝缝隙充分填充,尤其是裂缝的下半部分处理得很彻底。

通过采用半刚性基层和沥青面层不同的施工工艺达到无痕焊接。

(2)裂缝焊接料具有很高的渗透性和膨胀性 。目前的灌缝材料基本上是沥青材料或沥青材料的复合品,有的采用珪酮胶(玻璃胶),这些灌缝材料有一个共同的缺陷,就是没有渗透性和膨胀性,无法处理细小的裂缝和支缝,封水效果差。非拌和微粒式双组份高分子混凝土裂缝焊接料的高分子材料渗透性和膨胀性强,能处理细小的裂缝和支缝,达到焊接的效果。

(3)裂缝焊接料黏结性高、整体性强。路面裂缝焊接料混凝土成分与沥青路面的沥青混凝土和半刚性基层的水泥稳定碎石材料接近,高分子成分的黏结性高,能与沥青面层和基层有效结合形成整体。

(4)裂缝焊接料与路面结构层同步伸缩,保证高寿命。路面裂缝焊接料与路面沥青面层和基层热胀冷缩基本一致,焊接好的缝结构稳定,寿命长,不需要反复处理,节约人力、财力。

5.4　路面裂缝焊接技术的特点

(1)引入了探地雷达无损检测技术。裂缝焊接技术将探地雷达无损检测技术引入高速公路路面裂缝焊接施工中,做到有的放矢,从而保证了施工质量。而常规的灌缝施工时对裂缝的深度、宽度及所处的层位不明确,不对裂缝病害进行分类,采用统一的灌缝工艺,施工效果差。

(2)设计、施工、监理、检测、验收等程序完善。具有正规的施工图,完善的监理制度,科学的检测方法、验收指标及程序。

施工结束后,采用探地雷达结合取芯,全面检查裂缝焊接效果。而常规的灌缝施工只对灌缝的表面进行检测，不检测灌缝料灌入的深度和密实度，施工质量检测不全面。

(3)裂缝焊接技术先进。根据病害不同，可以选择喷涂、高压和聚合施工工艺；采用高压注入路面裂缝焊接料，使路面裂缝焊接料填充更密实；路面裂缝焊接，不仅达到填充裂缝空隙的效果，并能处理因裂缝产生的路面局部松散或裂缝处的局部基层脱空，快速处治路面裂缝病害及裂缝次生病害。

(4)裂缝焊接料品质优良。非拌和单、双组份高分子混凝土路面裂缝焊接料的高分子材料渗透性和膨胀性强，能处理细小的裂缝和支缝。非拌和单、双组份高分子混凝土路面裂缝焊接料混凝土成分与沥青路面的沥青混凝土和半刚性基层的水泥稳定碎石材料接近，高分子成分的黏结性高，高分子混凝土路面裂缝焊接料能与沥青面层和基层有效结合形成整体，从根本上治愈了裂缝，解决了因裂缝产生的结构性破坏问题。

(5)裂缝焊接效果好。非拌和微粒式双组份高分子混凝土路面裂缝焊接料与沥青路面的沥青混凝土和半刚性基层的水泥稳定碎石材料接近，注入的材料与路面沥青面层和基层热胀冷缩基本一致，焊接好的缝结构稳定，寿命长，不需要反复处理，节约人力、财力。

(6)路面裂缝焊接技术适用范围广。不但能处理仅发生于上面层的网裂、仅发生于沥青面层而下面的基层完好的裂缝和贯穿沥青面层和基层的反射裂缝等显性裂缝病害，而且能处理仅发生于基层而上面的沥青面层完好的隐性裂缝病害。

(7)施工不受季节、气温和环境限制。路面裂缝焊接施工不受季节、气温和环境影响，一年四季都可以施工，并且可以在恶劣环境下施工，如雨中、雪天、大风时，都可以施工。

(8)节能、环保。采用常温施工，无需加热路面裂缝焊接料，施工简单。

(9)外表美观。路面裂缝焊接料色泽与原路面接近，施工后行车一段时间路面表面没有明显的痕迹，外表比较美观(图5-4)。

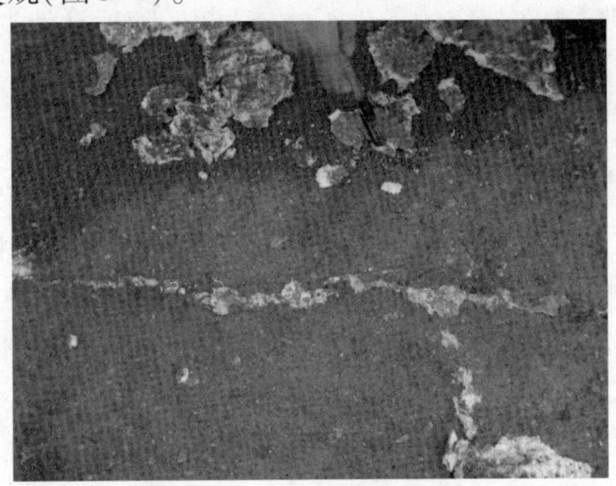

图5-4　裂缝焊接效果

第6章　裂缝特殊焊接技术

6.1　高速公路半刚性基层沥青路面显性病害和隐性病害

6.1.1　沥青路面显性病害（Dominance Disease of Asphalt Pavement）

沥青路面已经发生并且已显现出病害特征的病害。

《公路技术状况评定标准》（JTG H20—2007）将沥青路面病害分为裂缝、坑槽、松散、沉陷、车辙、波浪拥包、泛油等，这些病害均是显性病害。显性病害就是沥青路面已经发生并且已显现出病害特征的病害，是不通过仪器检测肉眼就能发现的病害。

6.1.2　沥青路面隐性病害（Recessive Disease of Asphalt Pavement）

沥青路面已经发生但没有显现出明显的病害特征或不在表面层位无法看到的病害。

国内外已颁布的沥青路面预防性养护标准、规范或指南中，均未提及沥青路面隐性病害。课题组第一次提出沥青路面隐性病害的概念，并且系统规定了沥青路面隐性病害的分级标准、预防性养护标准、预防性养护方案、最佳预防性养护时机等，也是本研究的亮点和创新。

沥青路面隐性病害一般要通过仪器检测才能发现，或经验特别丰富的技术人员能察觉沥青路面隐性病害的先兆，或在特定的条件下才能显现（随后又消失）。沥青路面隐性病害，可能是轻微的病害，也可能是严重的病害。

6.1.3　沥青路面隐性病害检测

随着路面无损检测技术的提高，目前，大多数的沥青路面隐性病害都能通过仪器检测到，希望各运营管理单位像重视显性病害一样重视隐性病害，做到“早发现”、“早处理”。

现在道路的检测技术发展很快，无论沥青路面的显性病害还是隐性病害都能使用仪器检测出来。但是，我国高速公路管理普遍存在的问题是轻视检测工作，设计单位在做养护方案时，做的检测工作并不多，大多凭经验选择养护方案。做检测确实要花钱，但是这些花费是值得的，与由于养护方案不科学造成的浪费和损失相比，花点检测费是应该的。

沥青面层隐性病害检测方法见表6-1。

沥青面层隐性病害检测方法　　表6-1

病害名称	检测方法	病害名称	检测方法
沥青老化	人工取芯检测	沥青面层隐性裂缝	地质雷达
沥青混合料油石比变异	人工取芯检测	沥青面层内部松散	地质雷达结合FWD
沥青混合料级配变异	人工取芯检测	沥青面层层间不连续	地质雷达结合FWD
沥青面层透水	红外检测结合人工		

半刚性基层隐性病害检测方法见表 6-2。

半刚性基层隐性病害检测方法　　表 6-2

病害名称	检测方法	病害名称	检测方法
基层松散	地质雷达	基层层底脱空	地质雷达结合 FWD
基层隐性裂缝	地质雷达	基层唧浆	人工
基层层间不连续	地质雷达结合 FWD		

6.1.4　沥青路面隐性病害特征

由于国外的高速公路大多为全厚式沥青路面，沥青路面的病害主要是裂缝、坑槽、松散、车辙、泛油、波浪、拥包等面层病害，这些病害主要是从上向下发展，由于基层引起的病害相对较少，所以，国外的高速公路隐性病害相对较少，故国外对隐性病害的研究比较少。

我国高速公路 95% 以上都是半刚性基层沥青路面，沥青路面的主要病害很多是由半刚性基层病害引起，由于半刚性基层的特殊性和施工技术问题、施工管理问题，半刚性基层易发生裂缝、层间不连续、基层脱空、松散等隐性病害，进而引起面层病害。对于半刚性基层沥青路面，相对来讲，半刚性基层的隐性病害更典型、更难处理。

隐性病害应引起足够的重视，因为隐性病害看不到、摸不着，许多大的病害都是先发生隐性病害，进而发展为显性病害，这些病害如果在隐性时得到处理，就可以避免发展为显性时再处理，可以大大节约养护费用。

沥青面层隐性病害虽然有多种，但主要病害前期是透水、层间不连续，中期是隐性裂缝，后期是沥青老化、沥青混合料油石比变异等。根据沥青面层隐性病害发展规律，确定了沥青面层隐性病害检测频率。

除隐性裂缝外，半刚性基层的隐性病害（如基层松散、基层层间不连续、基层层底脱空等）大多是由于施工原因造成的，所以通车后，就应该立即检测。半刚性基层施工后，一个星期就会产生裂缝，面层铺筑后，这些裂缝就是隐性裂缝，所以，半刚性基层的隐性裂缝也要通车后就立即检测。唧浆的前提是水破坏，一般基层不进水不会产生唧浆，基层唧浆一般随着沥青面层的反射裂缝病害发生，反射裂缝一般在通车四年后才发生，基层唧浆大多在通车四年后才能看到。

由于沥青面层隐性病害规律性较强，前期以透水为主，兼有因施工原因造成的沥青面层内部松散和层间不连续；中期以隐性裂缝为主；后期以沥青老化、沥青混合料油石比变异和级配变异为主，兼有因荷载和温度疲劳造成的沥青面层内部松散。掌握了沥青面层隐性病害规律，就可以有的放矢进行处治。

半刚性基层隐性病害相对复杂一些，但也有一定的规律，前期以基层隐性裂缝为主，兼有因施工原因造成的半刚性基层内部松散和层间不连续；中期以基层唧浆为主；后期以基层层底脱空为主，兼有基层隐性裂缝。

沥青面层隐性病害分级标准见表 6-3。

沥青面层隐性病害分级标准　　表6-3

病害名称	分级	定　义	分级指标及标准
沥青老化	轻	沥青路面使用中,沥青指标轻微下降或沥青混合料性能轻微下降	沥青15°延度下降≤20%;沥青混合料稳定度、流值下降≤20%
	重	沥青路面使用中,沥青指标严重下降或沥青混合料性能严重下降	沥青15°延度下降>20%;沥青混合料稳定度、流值下降>20%
沥青混合料油石比变异	轻	沥青路面(主要是上面层)使用中,在行车荷载作用下沥青上浮,造成局部层位的油石比轻微变化	油石比变异≤15%
	重	沥青路面(主要是上面层)使用中,在行车荷载作用下沥青上浮,造成局部层位的油石比严重变化	油石比变异>15%
沥青混合料级配变异	轻	沥青路面(主要是上面层)由于施工质量问题或使用中,在行车荷载作用下,因油石比太高、油石比变异或高温天气,造成局部层位沥青混凝土级配轻微变化	某尺寸筛孔通过率最大变异≤20%
	重	沥青路面(主要是上面层)由于施工质量问题或使用中,在行车荷载作用下,因油石比太高、油石比变异或高温天气,造成局部层位沥青混凝土级配严重变化	某尺寸筛孔通过率最小变异>20%
沥青面层隐性裂缝	轻	沥青路面内部裂缝已经产生但尚未扩展出产生的结构层,或反射裂缝仅深入下面层,裂缝数量较少、裂缝宽度较小	裂缝产生于上面层、中面层或下面层但尚未贯穿产生的层位,或反射裂缝仅深入下面层,主要裂缝宽度≤4mm
	中	沥青路面内部产生的裂缝已扩展出产生的结构层但尚未扩展到路面表层,或反射裂缝已深入中面层,裂缝数量较少、裂缝宽度较大	面层产生的裂缝贯穿中面层或下面层,或反射裂缝已深入中面层,主要裂缝宽度4~8mm
	重	沥青路面内部产生的裂缝已经贯穿下面层和中面层且深入上面层但尚未扩展到路面表层,或反射裂缝已深入上面层,裂缝数量较多、裂缝宽度较大	面层产生的裂缝贯穿下面层和中面层且深入上面层,或反射裂缝已深入上面层,主要裂缝宽度≥8mm
沥青面层透水	轻	由于施工原因造成路面空隙率过大或在使用中集料散失等引起路面渗水,渗水量较小,渗水面积较小	渗水系数≤300mL/min
	重	由于施工原因造成路面空隙率过大或在使用中集料散失等引起路面透水,透水量较大,透水面积较大	渗水系数>300mL/min
沥青面层内部松散	轻	由于施工原因或使用中水破坏,造成沥青路面某层位内部细集料散失、沥青黏结力丧失或沥青与集料剥离,松散面积较小	能取出芯,沥青混合料空隙率≤8%
	重	由于施工原因或使用中水破坏,造成沥青路面某层位内部细集料散失、沥青黏结力丧失或沥青与集料剥离,松散面积较大	不能取出芯或沥青混合料空隙率>8%

续上表

病害名称	分级	定　义	分级指标及标准
沥青面层层间不连续	轻	由于施工时层间污染、黏层油质量低劣或使用中水破坏，造成沥青路面层与层之间局部分离，不连续面积较小	层间空隙≤1mm
	重	由于施工时层间污染、黏层油质量低劣或使用中水破坏，造成沥青路面层与层之间局部分离，不连续面积较大	层间空隙＞1mm

半刚性基层隐性病害分级标准见表6-4。

半刚性基层隐性病害分级标准　　表6-4

病害名称	分级	定　义	分级指标及标准
基层松散	轻	由于施工原因或使用中水破坏，造成半刚性基层内部集料间黏结力丧失，松散面积较小	能取出芯但芯样不完整，或芯样强度不合格
	重	由于施工原因或使用中水破坏，造成半刚性基层内部集料间黏结力丧失，松散面积较大	不能取出芯
基层隐性裂缝	轻	在沥青面层施工前或使用中基层产生的裂缝，裂缝数量较少、裂缝宽度较小	仅有上基层或下基层有裂缝，裂缝没有扩展到其他结构层；裂缝宽度≤5mm
	重	在沥青面层施工前或使用中基层产生的裂缝，裂缝数量较多、裂缝宽度较大	裂缝贯穿整个基层且向沥青面层扩展；裂缝宽度＞5mm
基层层间不连续	轻	由于施工时层间污染、水泥浆洒布不均或使用中水破坏，造成上、下基层间或基层与底基层间局部分离，不连续面积较小	层间空隙≤3mm
	重	由于施工时层间污染、水泥浆洒布不均或使用中水破坏，造成上、下基层间或基层与底基层间局部分离，不连续面积较大	层间空隙＞3mm
基层层底脱空	轻	由于底基层或土基冲刷造成局部基层或底基层底部悬空，脱空面积较小，脱空深度较小	弯沉下降≤20%，弯沉满足设计要求
	重	由于底基层或土基冲刷造成局部基层或底基层底部悬空，脱空面积较大，脱空深度较大	弯沉不满足设计要求
基层唧浆	轻	在荷载作用下，由于水破坏造成半刚性基层内部细集料散失，散失的细集料通过沥青面层表面或路面结构间排出，唧浆面积较小	下雨沥青面层表面冒浆，雨停后2h内停止冒浆
	重	在荷载作用下，由于水破坏造成半刚性基层内部细集料散失，散失的细集料通过沥青面层表面或路面结构间排出，唧浆面积较大	下雨沥青面层表面冒浆，雨停后2h仍有冒浆

6.1.5 沥青路面隐性病害处治

由于基层在面层的下面,按照常规的处理方案,需要先开挖面层然后才能处理基层,这样处理施工时间长且要断行,由于高速公路通行压力很大,常规的开挖方案不能轻易使用,只能等待基层的隐性病害慢慢发展,成为显性病害或发展成大的病害才处理,这种被动的处理方式也就是常规的养护方式。现在,裂缝焊接技术和高分子材料注浆技术的出现可以有效处理半刚性基层的隐性病害,使我们面对半刚性基层的隐性病害不再束手无策。裂缝焊接技术和高分子材料注浆技术相当于医学界的"微创手术",处理半刚性基层的隐性病害速度快、花费低、效果好、保通压力小、环保。

6.2 隐性裂缝焊接技术

隐性裂缝(图6-1)是沥青面层隐性病害的一种,虽然隐性裂缝的直接危害不大,但是隐性裂缝潜在的危害很多,如果能够及早采取措施,对提高道路寿命和节约养护总体投资有利。

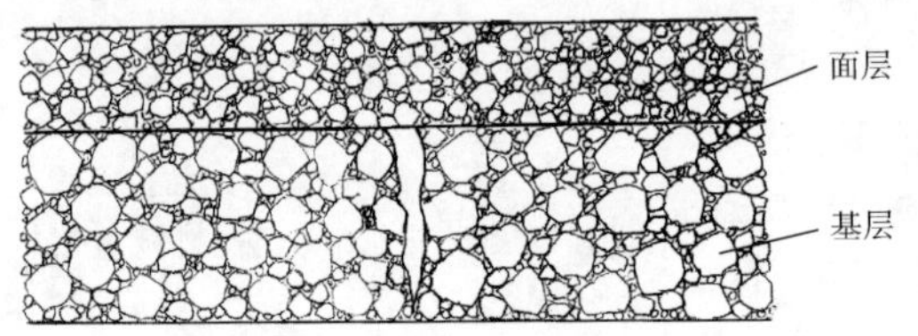

图6-1 半刚性基层隐性裂缝示意图

探地雷达是一种先进的无损检测仪器,过去主要用于检测沥青面层的厚度,随着探地雷达检测技术的进步,现在可以使用探地雷达检测沥青面层内部松散和层间不连续,还可以检测半刚性基层的厚度、内部松散、层间不连续、脱空等,并且还能检测沥青面层和基层裂缝的位置、深度、宽度、发展趋势等,基本上解决了隐性病害的检测问题。

借助于探地雷达无损检测仪器,可以对隐性裂缝进行焊接,施工工艺见后面第9章。

6.3 无痕焊接

路面裂缝无痕焊接是课题组新开发的一项路面裂缝焊接技术,常规的裂缝焊接能做到施工结束后两周左右路面表面基本无施工痕迹,但还做不到完全无痕。通过路面裂缝无痕焊接技术,可以做到施工后路面表面完全无痕。

采用半刚性基层和沥青面层不同的施工工艺实现路面裂缝无痕焊接。半刚性基层焊接施工时,采用打孔的方式将焊接料压进裂缝中,从下向上修复基层裂缝;沥青面层焊接采用耙松、拌和、碾压等工艺,实现无痕焊接。

无痕焊接分为热焊接和冷焊接,主要用于处理沥青面层裂缝和反射裂缝。

(1)热焊接。采用路面裂缝热焊液和路面裂缝热焊专用设备进行路面裂缝热焊接,达到表面无痕的效果。

(2)冷焊接。采用路面裂缝冷焊液和路面裂缝冷焊专用设备进行路面裂缝冷焊接,达到表面无痕的效果。

第7章　裂缝焊接材料

目前的灌缝材料基本上是沥青材料或沥青材料的复合品,有的采用硅酮胶(玻璃胶),这些灌缝材料有一个共同的缺陷,就是没有渗透性和膨胀性,无法处理细小的裂缝和支缝,封水效果差;常规的灌缝材料与沥青路面的沥青混凝土和半刚性基层的水泥稳定碎石材料差别较大,不能有效结合形成整体;常规的灌缝材料与路面沥青面层和基层热胀冷缩不一致,灌好的缝易开裂,灌缝后只能维持很短的时间,一条缝要反复处理,要耗费极大的人力、财力;常规的灌缝材料施工处理路面网裂和龟裂时,效果较差。

路面裂缝焊接料以高分子材料和非拌和高分子混凝土为主要材料,施工时使用专用的路面裂缝焊接设备,通过喷涂、高压注入、打孔注入等方式,将路面裂缝焊接料注入路面裂缝中,将断开的路面裂缝有效连接为一个整体,对路面的裂缝进行结构性的修复。

目前,成熟的路面裂缝焊接料有三种,即单组份高分子材料路面裂缝焊接料、双组份高分子材料路面裂缝焊接料、非拌和微粒式双组份高分子混凝土裂缝焊接料,下面分别介绍。

7.1　高分子材料路面裂缝焊接料

主要成分是单组份或双组份高分子材料及添加剂。

(1)高分子材料。用于高速公路养护工程的高分子材料主要有丙烯酰胺类、环氧树脂类、不饱和脂类、聚氨酯类等,适用于作为裂缝焊接料的单组份高分子材料主要有聚氨酯、液态树脂、甲基丙烯酸甲酯等,适用于作为裂缝焊接料的双组份高分子材料主要有聚氨酯、丙烯酸环氧脂、甲基丙烯酸甲酯、丙烯酰胺等。

(2)添加剂。添加剂主要是抗水剂及丙烯酸丁酯、苯二甲胺、乙二胺、聚丙烯酸中的一种或者几种组合。

7.2　非拌和微粒式双组份高分子混凝土裂缝焊接料

主要成分是双组份高分子材料、添加剂、集料。双组份高分子材料和添加剂同7.1。

7.2.1　集料

主要为用石灰岩或玄武岩加工而成的机制砂。

(1)级配要求

用作焊缝接料的集料级配见表7-1。

集　料　级　配　　表7-1

筛孔(mm)	3	2.36	1.18	0.6	0.3	0.15	0.075
通过率(%)	100	80~90	52~62	32~42	16~26	6~14	0~6

(2)质量要求

用作缝焊接料的集料应洁净、干燥、无风化、无杂质,满足级配要求,其质量应满足表7-2的规定。

集料质量要求　表7-2

项　目	单位	质量标准	项　目	单位	质量标准
表观相对密度,不小于	—	2.45	砂当量,不小于	%	85
坚固性(>0.3mm部分),不小于	%	12	亚甲蓝值,不大于	g/kg	25
含泥量(<0.075mm的含量),不大于	%	3	棱角性(流动时间),不小于	s	30

7.2.2　配合比

非拌和微粒式双组份高分子混凝土裂缝焊接料配合比(质量百分比)为:集料80%~90%、高分子材料8%~15%,添加剂3%~5%。

7.2.3　主要技术参数

非拌和微粒式双组份高分子混凝土裂缝焊接料主要技术参数见表7-3。

非拌和微粒式双组份高分子混凝土裂缝焊接料主要技术参数　表7-3

项　目	技术参数	
密度(kg/m³)	2250~2400	
抗压强度(MPa)	20~30	
抗弯强度(MPa)	4~8	
弹性模量(MPa)	$(3\sim6)\times10^4$	
变形能力(%)	拉伸	压缩
	0.2~0.5	1~2

7.3　路面裂缝焊接材料的特点

(1)采用常温施工,无需加热路面裂缝焊接料,施工简单。

(2)非拌和微粒式双组份高分子混凝土裂缝焊接料的高分子材料渗透性和膨胀性强,能处理细小的裂缝和支缝。

(3)非拌和微粒式双组份高分子混凝土裂缝焊接料混凝土成分与沥青路面的沥青混凝土和半刚性基层的水泥稳定碎石材料接近,高分子成分的黏结性高,高分子混凝土路面裂缝焊接料能与沥青面层和基层有效结合形成整体,从根本上治愈了裂缝,解决了因裂缝产生的结构性破坏问题。

(4)非拌和微粒式双组份高分子混凝土裂缝焊接料与路面沥青面层和基层热胀冷缩一致性高,焊接好的缝结构稳定,寿命长,不需要反复处理,节约人力、财力。

(5)路面裂缝焊接材料适用范围广,不仅能处理反射裂缝和隐性裂缝,还能处理仅发生于上面层的网裂、龟裂。

(6)路面裂缝焊接材料施工时,不受季节、气温和环境影响,一年四季都可以施工,并且可以在恶劣环境下施工,如雨中、雪天、大风时,都可以施工。

7.4　裂缝焊接料路用性能

为了研究路面裂缝焊接料路用性能，郑州大学对高聚物材料的路用性能进行了研究，结果如下。

7.4.1　环境影响试验

为了分析路面裂缝焊接料深埋地下时对地下水质的影响，在室内进行了路面裂缝焊接料浸泡水过滤液的水质分析试验。

取无约束条件下生成的路面裂缝焊接料，分成三组，分别浸泡在蒸馏水中 24h、72h 和 3 个月。路面裂缝焊接料与蒸馏水质量比都采用 1∶120，浸泡时间达到后，取过滤清液进行水质分析。

(1)试验结果

路面裂缝焊接料浸泡水质试验结果列入表 7-4。为便于对比分析，将生活饮用水卫生标准一同列入。

高聚物浸泡水水质报告与生活饮用水卫生规范比较表　　表 7-4

高聚物浸泡水检测报告				生活饮用水卫生规范	
成　分	24h 浸泡水 ρ(B)(mg/L^1)	72h 浸泡水 ρ(B)(mg/L^1)	3 个月浸泡水 ρ(B)(mg/L^1)	成　分	限值
Fe	<0.05	<0.05	<0.05	铁	0.3 (mg/L)
Mn	<0.05	<0.05	<0.05	锰	0.1(mg/L)
Cu	<0.05	<0.05	<0.05	铜	1.0 (mg/L)
Zn	<0.05	<0.05	<0.05	锌	1.0(mg/L)
Cr	<0.05	<0.05	<0.05	铬(六价)	0.05(mg/L)
As	0.0008	0.0005	0.0003	砷	0.05(mg/L)
Se	0.001	0.0006	0.0004	硒	0.01(mg/L)
Hg	0.00004	0.00003	0.00002	汞	0.001(mg/L)
Cd	<0.0001	<0.0001	<0.005	镉	0.005(mg/L)
Pb	<0.001	<0.001	<0.01	铅	0.01(mg/L)
Cl^-	0.3	0.44	2.3	氯化物	250(mg/L)
SO_4^{2-}	0.1	0.17	1.58	硫酸盐	250(mg/L)
F^-	0.05	0.11	0.09	氟化物	1.0(mg/L)
NO_3^-	0.18	0.24	0.5	硝酸盐	20(mg/L)
Al^{3+}	<0.01	<0.01	<0.01	铝	0.2(mg/L)
pH	5.97	5.72	5.54	pH	6.5~8.5
CN^-	<0.002	<0.002	<0.002	氰化物	0.05(mg/L)

续上表

高聚物浸泡水检测报告				生活饮用水卫生规范	
成　分	24h 浸泡水 ρ(B)(mg/L[1])	72h 浸泡水 ρ(B)(mg/L[1])	3 个月浸泡水 ρ(B)(mg/L[1])	成　分	限值
$CHCl_3$	<0.02	<0.02	0.0032	氯仿	0.06(mg/L)
CCl_4	<0.001	<0.001	0.0018	四氯化碳	0.002(mg/L)
总溶固	16	21	57	溶解性总固体	1000(mg/L)
嗅和味	无	无	无	臭和味	无
挥发酚类(以苯酚计)	<0.002	<0.002	<0.002	挥发酚类(以苯酚计)	0.002(mg/L)

(2)试验结果分析

通过路面裂缝焊接料浸泡水试验,证明路面裂缝焊接料在长期被水浸泡的情况下,不会降解或者腐烂。通过对滤出液的成分分析,结果表明,滤出液当中并不含路面裂缝焊接料成分。通过路面裂缝焊接料浸泡水质试验结果与生活饮用水卫生标准对比分析,路面裂缝焊接料对水质造成污染,这表明路面裂缝焊接料对环境没有任何不利的影响。

7.4.2　耐化学腐蚀性试验

把路面裂缝焊接料浸泡于油脂或不同浓度的化学溶剂中,浸泡时间 30 天,测量路面裂缝焊接料长期接触化学试剂条件下的体积损失率,用以评价路面裂缝焊接料的耐化学腐蚀性。按照体积损失率把它们划分为五类,如表 7-5 所示。

高聚物注浆材料耐化学腐蚀性评价表　　表 7-5

类　别	体积损失率	评价结果
1	小于3%	优良
2	3% ~6%	良好
3	6% ~15%	中等
4	15% ~25%	次等
5	遭到破坏	不推荐使用

(1)试验结果

路面裂缝焊接料浸泡于油脂或不同浓度的化学溶剂中的体积损失率分别列入表 7-6 和表 7-7。

高聚物材料浸泡于酸、碱溶液中的体积损失率　　表 7-6

溶液名称	体积损失率(%)	评价等级
氢氧化铵(10%)	3.4	良好
盐酸(10%)	4.2	良好
硫酸(10%)	5.6	良好
氢氧化钠(10%)	1.1	优良
氢氧化钠(浓)	2.6	优良
硫酸(浓)	破坏	不推荐
硝酸(浓)	破坏	不推荐

高聚物材料浸泡于化学溶剂中的体积损失率　　表7-7

化学溶剂名称	体积损失率(%)	评价等级
丙酮	21.1	次等
甲乙酮	19.7	次等
甲醇	4.1	良好
乙醇	3.9	良好
煤油	3.5	良好
汽油	3.6	良好
机油	2.3	优良
水	0	优良

(2)试验结果分析

试验结果表明,路面裂缝焊接料对化学溶剂和油脂的抵抗性能非常完好。在地基环境下,一般的含盐、酸或者洗涤剂的水溶液中,路面裂缝焊接料的稳定性良好,但强酸和强碱会导致其化学降解。极性溶剂可能对路面裂缝焊接料有所损害,但在工程应用环境中,遇见这类试剂的可能性极小。

总之,路面裂缝焊接料具有良好的化学稳定性,长期处于地下环境中时,路面裂缝焊接料的耐化学腐蚀性有着良好的性能。

7.4.3　耐老化性试验

由于试验条件所限,本文仅通过试件掩埋方法来说明路面裂缝焊接料的寿命,即把一批路面裂缝焊接料试件埋入地下,分别在埋入地下1年、3年、5年、10年及30年后,取出一组试件,测试其质量损失及抗压强度的变化,并观察有无生物侵蚀,用以判定材料的使用寿命。

(1)试验结果

由于研究时间所限,本试验只测试了埋入土中1年及3年后试件的数据,如表7-8所示。

室外深埋试件测试结果　　表7-8

测试时间	密度(g/cm^3)	抗压强度(MPa)	外形观察
初始状态密	0.16	1.25	
1年后	0.17	1.24	未发霉、未见生物侵蚀
3年后	0.17	1.25	未发霉、未见生物侵蚀
5年后	—	—	—

(2)试验结果分析

通过对埋入地下1年、3年后的路面裂缝焊接料试件的仔细检查发现,尽管这些试件稍有褪色,但它的构造并没有发生变化,没有发霉或者腐烂,也没有被昆虫或者鼠类食用。

在对试件的质量损失及抗压强度测试评估后发现,路面裂缝焊接料试件埋入地下1年、3年后,其质量没有损失,抗压强度也没有变化。

由于研究时间所限,没有测得试件埋入地下更长时间的测试结果,因此,测试结果不能说明路面裂缝焊接料的使用寿命,但可以作为国外一些关于高聚物材料使用寿命试验结论的补充。

国外材料供应商提供的试验结论是,聚氨酯注浆材料的设计寿命不低于30年。Hanover大学使用差热分析法,把材料的热稳定性量化为质量的损失进行评测,对一系列高密度的聚氨酯注浆材料进行了长期持续的测试,结果表明,材料寿命可达33年,这和材料供应商提供试验结论吻合。如在地下使用时,其寿命将更长,说明了路面裂缝焊接料在不利环境条件下有长期的稳定性和耐久性。

7.4.4 渗透性能试验

(1)试验方法

目前,关于混凝土水渗透的评价方法主要有稳定流动法、渗透深度法和抗渗等级法。稳定流动法仅适用于研究具有较高渗透性的材料;采用渗透深度法时,渗透深度不易量测。考虑到路面裂缝焊接料基本上属于不透水材料,所以,参照混凝土试验方法中的抗渗等级法来评价其抗渗性能。

(2)试验结果

试验测得材料密度与起始渗水压力的关系如图7-1所示。

(3)试验结果分析

从图7-1可以看出,路面裂缝焊接料的抗渗性能随路面裂缝焊接料密度的增大而提高。当路面裂缝焊接料的密度达到0.6g/cm^{3}时,其起始渗水压力达到1MPa,即可以承受100m的水头压力。按水工混凝土抗渗等级划分方法,抗渗等级相当于10级。

当水利工程防渗帷幕注浆时,路面裂缝焊接料的密度不低于0.1g/cm^3,其起始渗水压力达到0.26MPa,即可以承受26m的水头压力。

7.4.5 膨胀力试验研究

(1)试验结果

通过往固定体积容器内注射不同质量的路面裂缝焊接料,试验获取了不同密度试件的膨胀力随时间的变化规律及最大膨胀力,得到了不同密度下膨胀力与时间的关系曲线及密度与最大膨胀力的关系曲线。

三种典型的不同密度材料的60s内膨胀力随时间变化曲线如图7-2所示。

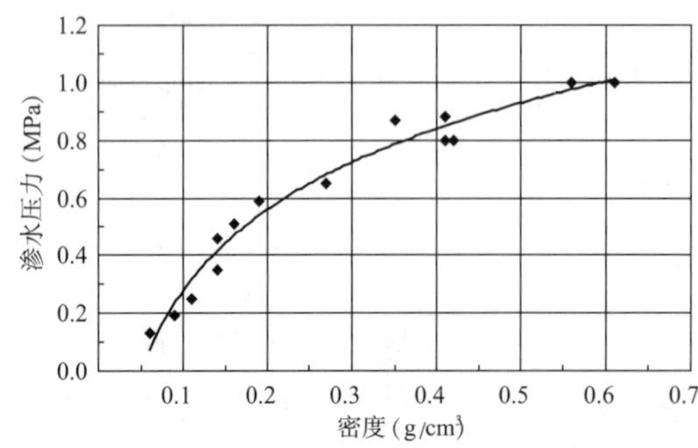

图7-1 路面裂缝焊接料密度与起始渗水压力关系曲线

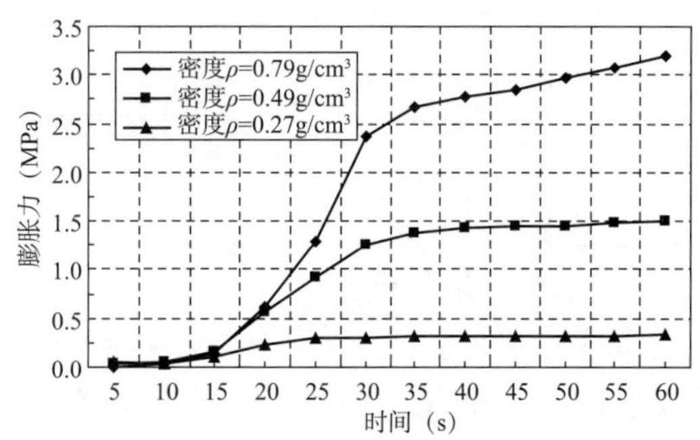

图7-2 路面裂缝焊接料不同密度下膨胀力随时间的变化

密度与最大膨胀力的关系曲线如图 7-3 所示。

(2)试验结果分析

焊接结束后 1min 时,膨胀力可达最大膨胀力的 80% 以上,绝大部试样在注浆结束后 10min 左右,其化学反应结束,其膨胀力将不再增长。本试验路面裂缝焊接料凝固体最大密度为 0.84 g/cm^3,对应的最大膨胀力为 4.83MPa。

7.4.6　抗压强度试验

(1)试验方法

试验所用方法参照《塑料拉伸性能的测定》(GB/T 1040—2006)、《硬质泡沫塑料压缩性能的测定》(GB/T 8813—2008)。试样形状为圆柱形,试样直径为 30mm,高度为 60mm。试样两平行面的平行度公差不应超过 1%。

(2)试验结果

路面裂缝焊接料的抗压强度随密度的增大而增大,如图 7-4 所示。

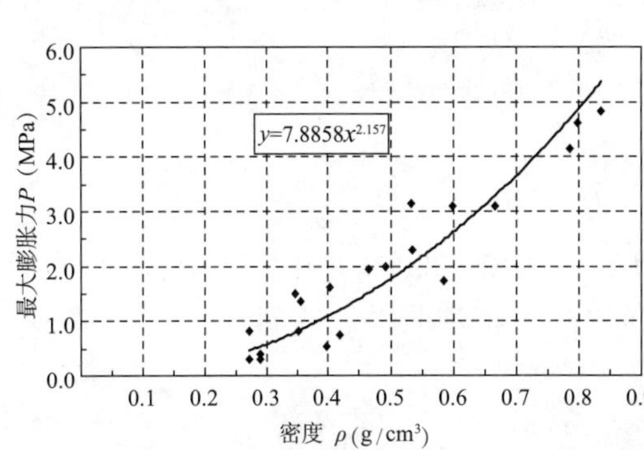

图 7-3　路面裂缝焊接料密度与对应的最大膨胀力关系曲线

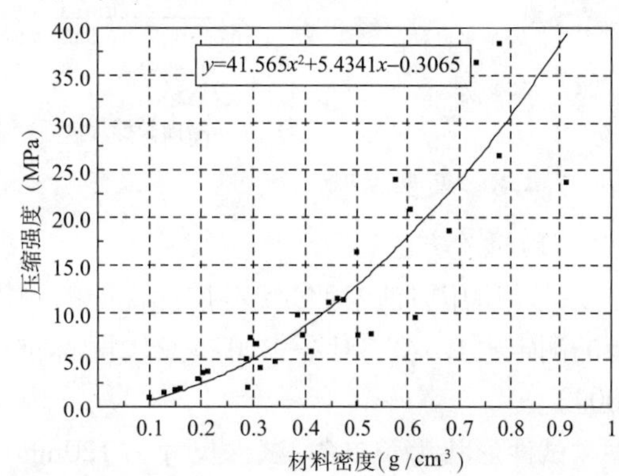

图 7-4　路面裂缝焊接料密度与对应的压缩强度关系曲线

7.4.7　抗拉强度试验

(1)试验方法

试验所用方法参照《塑料拉伸性能的测定》(GB/T 1040—2006)、《硬质泡沫塑料拉伸性能试验方法》(GB/T 9641—1988)。

试样形状为哑铃形,试样的尺寸如图 7-5 所示。

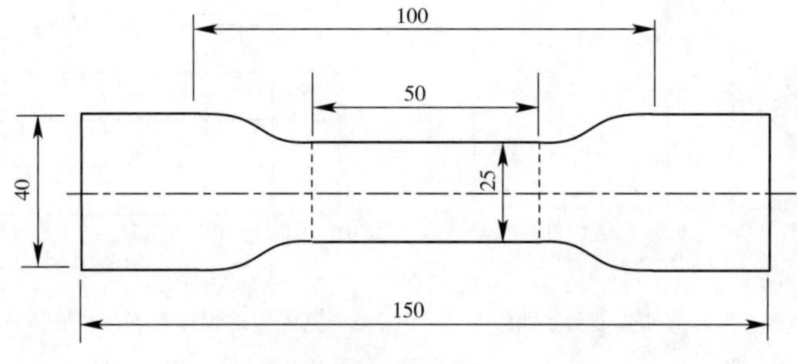

图 7-5　抗拉强度试样(尺寸单位:mm)

(2)试验结果

拉伸试验试件的破坏特点是:应力随应变非线性增加,试件有适当的伸长率,伸长率一般不大于6%,且是被均匀拉长;拉伸强度和弹性模量较大,路面裂缝焊接料的抗拉伸强度随密度增加而增大,如图7-6所示。

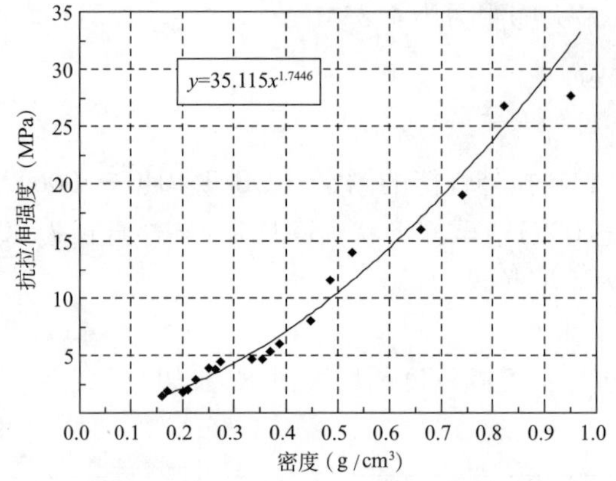

图7-6 路面裂缝焊接料密度与对应的抗拉伸强度关系曲线

7.4.8 弯曲试验

(1)试验方法

试验所用方法参照《塑料拉伸性能的测定》(GB/T 1040—2006)、《硬质泡沫塑料弯曲性能的测定》(GB/T 8812—2007)及国际标准《硬质泡沫塑料弯曲性能的测定》(ISO 1209—2004)。

试件形状为长方体,试件尺寸为120mm(长)×25mm(宽)×20mm(高)。

(2)试验结果

路面裂缝焊接料,不但具有较高的弯曲强度,而且具有良好的韧性。其弯曲强度与密度的关系如图7-7所示。材料弯曲破坏时的最大变形如图7-8所示。

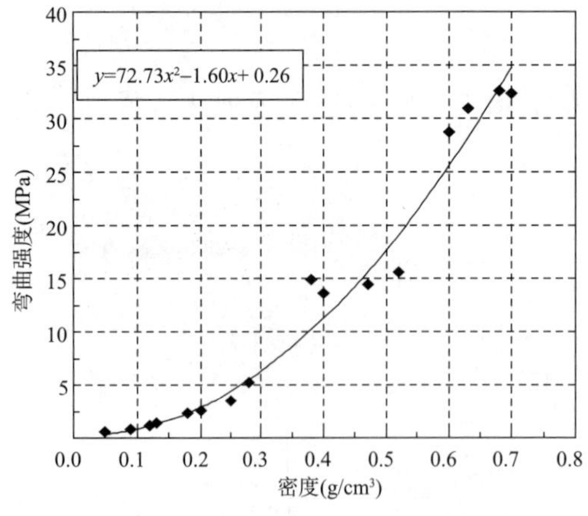

图7-7 路面裂缝焊接料密度与弯曲强度关系曲线

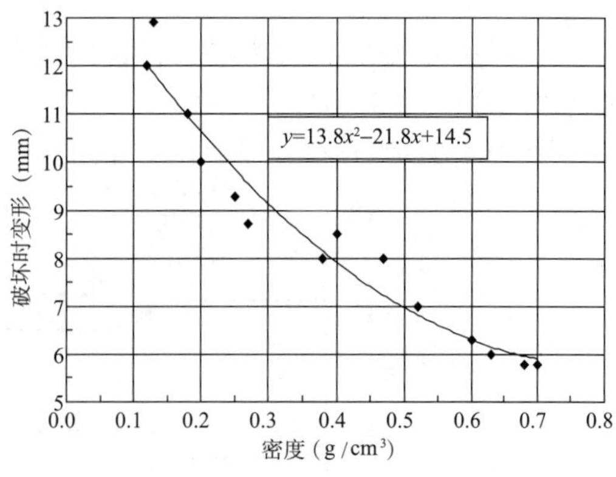

图7-8 路面裂缝焊接料密度与破坏时的最大位移关系曲线

第8章　裂缝焊接设备

裂缝焊接设备有三大类，分别是裂缝焊接主要设备、裂缝焊接专用设备、裂缝焊接辅助设备。

裂缝焊接主要设备有：

(1)常压裂缝焊接设备；

(2)高压裂缝焊接设备；

(3)通用裂缝焊接设备。

裂缝焊接专用设备有：

(1)裂缝冷焊专用设备；

(2)裂缝热焊专用设备。

裂缝焊接辅助设备有：检测仪器、施工集装箱车、配比仪、材料车、保通车辆等。

8.1　裂缝焊接主要设备

8.1.1　常压裂缝焊接设备

常压裂缝焊接设备适用于处理路面表层的裂缝，如路面的网裂、龟裂病害，这类裂缝发生的深度较浅，一般在高速公路的上面层，采用喷涂的方式，输出料为单组份高分子材料路面裂缝焊接料。

8.1.2　高压裂缝焊接设备

高压裂缝焊接设备适用于处理高速公路的沥青路面裂缝、反射裂缝和隐性裂缝，这类裂缝发生的深度较大，一般贯穿整个高速公路的面层和基层，采用常压设备无法满足施工要求。输出料为单组份高分子材料路面裂缝焊接料或双组份高分子材料路面裂缝焊接料或非拌和微粒式双组份高分子混凝土裂缝焊接料，两组份材料的配比可调。

8.1.3　通用裂缝焊接设备

通用裂缝焊接设备(图8-1)适用于处理高速公路的网裂龟裂病害、沥青面层裂缝、反射裂缝和基层隐性裂缝，输出料同高压裂缝焊接设备。

图8-1　通用裂缝焊接设备

8.1.4　裂缝焊接主要设备技术参数

裂缝焊接主要设备技术参数见表8-1。

裂缝焊接主要设备技术参数 表 8-1

项 目	技术参数		
	常压裂缝焊接设备	高压裂缝焊接设备	常压裂缝焊接设备
电源	220V	220V	220V
焊接料输出量	4 ~ 8kg/min	2 ~ 6kg/min	2 ~ 8kg/min
原料加热功率	3000W × 2	2500W × 2	4500W × 2
原料输出压力	0 ~ 2MPa	5 ~ 10MPa	0 ~ 10MPa
最高加热温度	80℃	70℃	0 ~ 70℃
气源	0.2 ~ 0.3 MPa, $1m^3$/min	0.7 ~ 0.9 MPa, $1m^3$/min	0.6 ~ 0.9 MPa, $1m^3$/min

8.2 裂缝焊接专用设备

裂缝焊接专用设备用于裂缝无痕焊接,目前主要有裂缝冷焊专用设备和裂缝热焊专用设备两种。

8.2.1 裂缝冷焊专用设备

用于裂缝无痕焊接的冷焊接施工,有喷洒装置、耙松装置、搅拌装置等,同时要配置碾压设备。

8.2.2 裂缝热焊专用设备

用于裂缝无痕焊接的热焊接施工,有喷洒装置、耙松装置、搅拌装置等,同时要配置碾压设备。

8.3 辅助设备

8.3.1 封堵板

为了防止裂缝焊接料从裂缝表面冒出,采用专门设计加工的封堵板将路面表面裂缝口封住,保证裂缝焊接料在高压下不上冒。

8.3.2 检测设备

探地雷达车(GPR)1 辆,包含主机 1 台和天线若干套,分析系统包括电脑、分析软件等。

8.3.3 配套设备

运输车:1 台,用于运输裂缝焊接料、生活用车等;

施工集装箱车:1 台;

保通车:1 台;

电钻:根据工程量配备;

供料桶:不低于 2 个;

电磁炉:1 个;

发电机:1 台;

空压机:1 台;

配比仪:1 台;

吸尘器:1 台。

8.4　裂缝焊接设备智能控制系统

为了保证裂缝焊接施工质量,课题组联合河南万里路桥有限公司联合开发了裂缝焊接设备智能控制系统,主要有压力自动控制系统、配比自动控制系统、注射智能控制系统和遥控系统等。

8.4.1　压力自动控制系统

在一个作业段,由于存在不同的裂缝病害,通过设定可以在不同的部位或区域采取不同的施工压力,达到不同的施工工艺处治不同病害的目的。

8.4.2　配比自动控制系统

同一条裂缝的不同位置,裂缝深度可能不同、裂缝宽度也可能不同,通过不同的配料比例可以达到最佳的焊接效果,通过配比自动控制系统可以实现这一目的。

8.4.3　注射智能控制系统

通过注射智能控制系统,可以在不同的施工阶段,采用不同的注射速度,以科学控制裂缝焊接料的输送量。

8.4.4　遥控系统

通过遥控系统,可以远距离控制和调整施工压力、配合比、配料比、注射速度等。

第 9 章　路面裂缝焊接施工工艺

路面裂缝焊接采用高分子材料或非拌和高分子混凝土路作为路面焊接料，施工前，先使用探地雷达对路面裂缝进行无损检测，探测出每条裂缝的宽度、深度及所处的层位，然后根据裂缝的宽度、深度及所处的层位对路面裂缝进行分类，对于不同的裂缝，选择不同的路面裂缝焊接料和不同的施工工艺。

9.1　路面裂缝焊接施工工艺流程

根据高速公路路面裂缝的位置、深度、裂缝成因等病害特征，将高速公路路面裂缝分为四种，即网裂和龟裂、沥青面层裂缝、隐性裂缝、反射裂缝。

不同的裂缝病害，由于裂缝位置不同、裂缝宽度不等、裂缝深度也不一，所以不同种类的裂缝，焊接施工时采用不同的施工工艺。

裂缝焊接施工工艺流程见图 9-1。

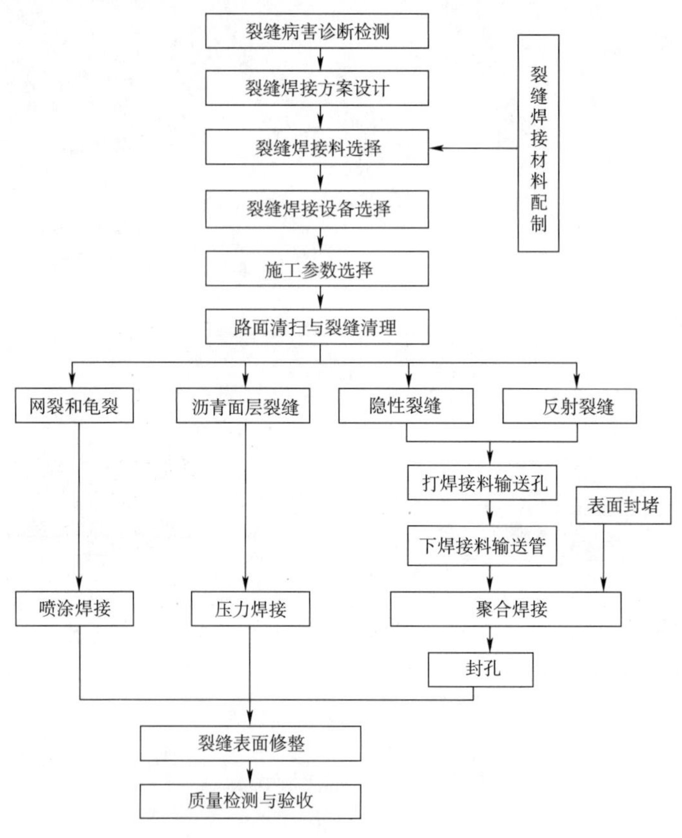

图 9-1　裂缝焊接施工工艺流程图

9.2　路面网裂和龟裂焊接施工工艺

9.2.1　路面裂缝病害检测及裂缝焊接方案选择

沥青面层的网裂、龟裂病害大多是路面的疲劳裂缝，由温度疲劳、荷载疲劳或温度荷载综合疲劳引起，大多发生在沥青上面层或整个沥青层；少数的路面网裂、龟裂病害由于基层的裂缝引起。

在施工前，对路面病害使用探地雷达进行检测，判断裂缝病害情况，与设计图进行对照，根据设计图和检测结果，对于仅发生于沥青上面层或沥青层的网裂、龟裂病害，采用下面的工艺处理；对于由于基层裂缝引起的路面网裂、龟裂病害，采用与反射裂缝相同的施工工艺处理。

9.2.2　路面裂缝焊接料选择

沥青面层的网裂、龟裂病害可选择单组份高分子材料路面裂缝焊接料或双组份高分子材料路面裂缝焊接料。根据探地雷达对沥青面层的网裂、龟裂病害检测结果，裂缝宽度大于3mm时，选用单组份高分子材料路面裂缝焊接料；裂缝宽度小于3mm时，选用双组份高分子材料路面裂缝焊接料。

设备进场前，配制高分子材料路面裂缝焊接料，首先，根据工程量要求，调和配置出一种或两种高分子材料路面裂缝焊接料液体原材料，分别装入不同的料桶中，装到施工车上，带到现场。

9.2.3　路面裂缝焊接设备选择

根据焊接材料和施工工艺要求选择路面裂缝焊接机的类型和型号，裂缝宽度大于3mm时，与单组份高分子材料路面裂缝焊接料配套选用常压路面裂缝焊接机（图9-2）；裂缝宽度小于3mm时，与双组份高分子材料路面裂缝焊接料配套选用高压路面裂缝焊接机（图9-3）。也可选择通用路面裂缝焊接机。

图9-2　常压路面裂缝焊接机

图9-3　高压路面裂缝焊接机

9.2.4　施工参数选择

常压路面裂缝焊接机：焊接料输出量4kg/min。

高压路面裂缝焊接机:输出压力4MPa;焊接料输出量3kg/min。

9.2.5 路面清扫与裂缝清理

在网裂位置,先用扫帚将路面清扫干净,再用森林灭火器或高压气枪将裂缝吹干净,并清除裂缝中的杂物。

9.2.6 焊接

手持喷枪,喷嘴距路面5cm左右,将焊接料均匀喷在网裂的位置。焊接速度为3~5m^2/min。

9.2.7 裂缝表面修整

焊接结束后,对施工后的表面进行简单的修整,保证平整度满足要求。

9.2.8 质量检测

工程量小于1000m^2的网裂采用取芯检测;工程量大于1000m^2的网裂采用雷达无损检测结合取芯检测。在漏焊的部位及时补焊,对于不满足施工质量要求的要返工。

9.3 沥青面层裂缝焊接工艺

9.3.1 路面裂缝病害检测及裂缝焊接方案选择

沥青面层的裂缝病害产生的原因有多种:一是路面的疲劳裂缝,由温度疲劳、荷载疲劳或温度—荷载综合疲劳引起;二是路面的结构强度不足,由荷载引起裂缝病害;三是基层的强度不足,在荷载的作用下,发生裂缝病害;四是其他原因,如施工因素、沥青质量问题等。

在施工前,对路面病害使用探地雷达进行检测,判断裂缝病害情况,与设计图进行对照,根据设计图和检测结果,对于仅发生于沥青面层而基层良好的路面裂缝病害采用下面的工艺处理;对于由于基层裂缝引起的路面裂缝病害,采用与反射裂缝相同的施工工艺处理。

9.3.2 路面裂缝焊接料选择

沥青面层裂缝病害焊接处理,可选择双组份高分子材料路面裂缝焊接料或非拌和微粒式双组份高分子混凝土裂缝焊接料。根据探地雷达对沥青面层裂缝病害检测结果,裂缝宽度大于4mm时,选用非拌和微粒式双组份高分子混凝土裂缝焊接料;裂缝宽度小于4mm时,选用双组份高分子材料路面裂缝焊接料。

9.3.3 路面裂缝焊接设备选择

根据焊接材料和施工工艺要求,选择路面裂缝焊接机的类型和型号,路面面层裂缝焊接,选用高压路面裂缝焊接机,也可选择通用路面裂缝焊接机。

9.3.4 施工参数选择

高压路面裂缝焊接机:输出压力6MPa;焊接料输出量5kg/min。

9.3.5 路面清扫与裂缝清理

在网裂位置,先用扫帚将路面清扫干净,再用森林灭火器或高压气枪将裂缝吹干净,并清除裂缝中的杂物。

9.3.6　焊接

按照设计或现场确定的焊接料输送量进行焊接，配比仪按照配比通过输料管道分别把两种高分子材料路面裂缝焊接料或非拌和微粒式双组份高分子混凝土裂缝焊接料预聚体材料输送到注射枪口，手持喷枪（图9-4），枪嘴紧贴路面喷射针头插入裂缝中，打开输出开关，两种预聚体材料在注射枪口处混合，将焊接料均匀压入裂缝，焊接速度0.5m/min。两种材料迅速发生化学反应后，体积膨胀固化，达到填充裂缝空隙的效果，并能处理因裂缝产生的局部松散，快速处治路面裂缝病害。

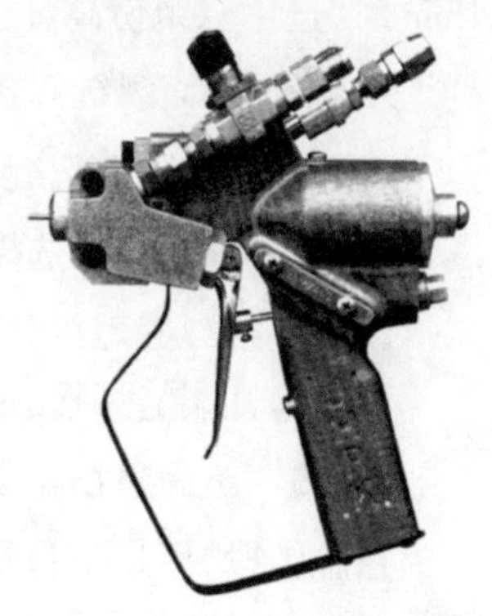

图9-4　喷枪

9.3.7　裂缝表面修整

焊接结束后，对施工后的表面进行简单的修整，保证裂缝两端连接平顺，裂缝两端高差满足设计要求，整体平整度合格。

9.3.8　质量检测

采用雷达无损检测结合取芯检测，对于不满足施工质量要求的地方要返工。

9.4　反射裂缝及隐性裂缝焊接工艺

由于反射裂缝和隐性裂缝的施工工艺接近，故将两种裂缝焊接工艺一并介绍。

9.4.1　路面裂缝病害检测及裂缝焊接方案选择

我国的高速公路95%以上为半刚性基层沥青路面，由于半刚性基层的特性不可避免要产生裂缝，所以，半刚性基层裂缝的产生伴随着整个高速公路的寿命周期。在荷载的作用下，在半刚性基层裂缝上面的沥青面层也逐渐开裂形成反射裂缝。所以，反射裂缝是从下往上发展的，表现特征是裂缝上窄下宽，采用常规的灌缝工艺无法灌到裂缝底部，这一问题也是困扰我国高速公路养护的一大难题。

路面基层隐性裂缝就是沥青表面完好，但是基层已裂缝的裂缝。路面基层的隐性裂缝隐藏在沥青层的下面，表面上看着完好，所以，这种裂缝往往得不到及时的修复，进而造成路面的严重破坏，后期的维修更加困难、费用更高。本工艺与地质雷达检测技术配套，解决路面基层的隐性裂缝问题。

图9-5　探地雷达进行检测路面裂缝

在施工前，对路面病害使用探地雷达进行检测（图9-5），检测出路面反射裂缝和隐性裂缝的位置、深度、宽度等，判断裂缝病害情况，与设计图进行对照，根据设计图和检测结果，确定路面反射裂缝的焊接施工工艺，确定施工路段和施工区域，确定焊接方案、焊接料输送孔布设间距、打孔深度和焊接料注入量。

9.4.2 路面裂缝焊接料选择

反射裂缝和隐性裂缝病害焊接处理可选择双组份高分子材料路面裂缝焊接料或非拌和微粒式双组份高分子混凝土裂缝焊接料。根据探地雷达对基层隐性裂缝病害检测结果，裂缝宽度大于4mm时，选用非拌和微粒式双组份高分子混凝土裂缝焊接料；裂缝宽度小于4mm时，选用双组份高分子材料路面裂缝焊接料。

9.4.3 路面裂缝焊接设备选择

反射裂缝和隐性裂缝焊接选用高压路面裂缝焊接机，也可选择通用路面裂缝焊接机。

9.4.4 施工参数选择

路面反射裂缝焊接：输出压力7MPa；焊接料输出量4kg/min。

路面隐性裂缝焊接：输出压力5MPa；焊接料输出量6kg/min。

9.4.5 路面清扫与裂缝清理

在施工段，用扫帚将路面清扫干净，再用森林灭火器或高压气枪将隐性裂缝路面表面的浮尘吹尽，并清除反射裂缝中的杂物。

9.4.6 打焊接料输送孔

(1)焊接料输送孔布置。

①隐性裂缝。根据雷达检测结果，如图9-6所示，在路面上画出基层隐性裂缝在路面上的裂缝虚拟线，在裂缝虚拟线上，确定焊接料输送孔布设位置，焊接料输送孔沿基层隐性裂缝延伸方向分布，孔间距1.2~1.5m，沿基层隐性裂缝延伸方向平均分配；裂缝较窄的部位，焊接料输送孔可适当加密。

②反射裂缝。根据雷达检测结果，如图9-7所示，在路面上确定焊接料输送孔布设位置，焊接料输送孔沿路面反射裂缝延伸方向分布，孔间距1.2~1.5m。

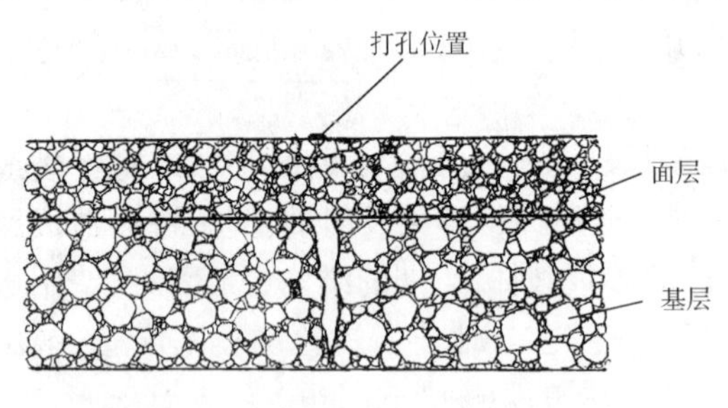

图9-6 隐性裂缝注浆孔布置示意图

图9-7 反射焊接料输送孔布置

(2)焊接料输送孔直径和深度。

焊接料输送孔直径2cm，钻孔深至裂缝底(图9-8、图9-9)。

(3)按照设计的钻孔深度，用冲击钻，在裂缝虚拟线上确定的焊接料输送孔布设位置，打孔至设计深度。

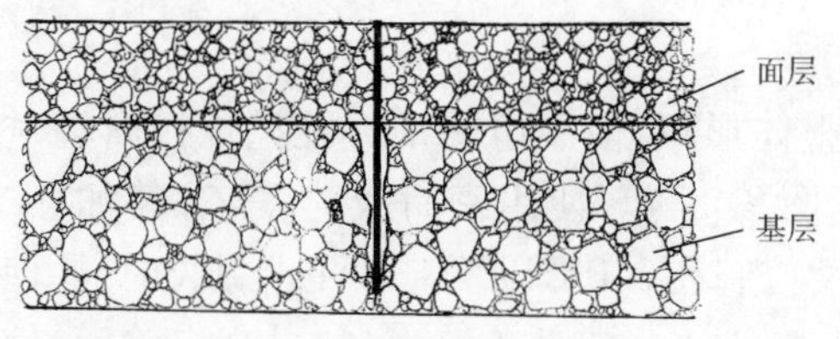

图9-8　隐性裂缝焊接料输送孔直径和深度示意图

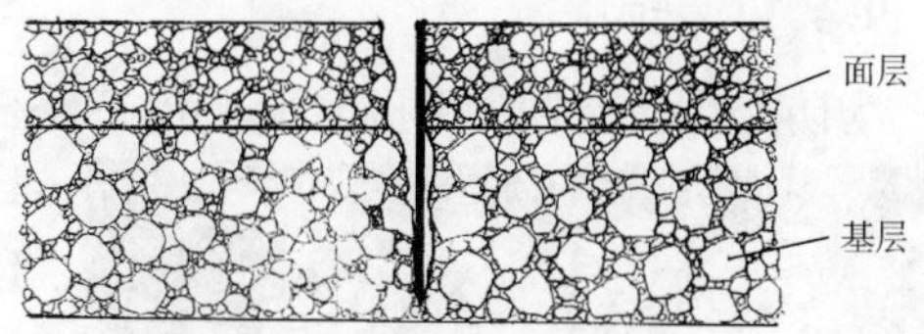

图9-9　反射裂缝焊接料输送孔直径和深度示意图

9.4.7　下焊接料输送管

使用切割工具，按相应的长度截取PVC（铜管或铁管）焊接料输送管，把焊接料输送管下入焊接料输送孔中，至裂缝底部或设计深度。

9.4.8　安装注射帽

把焊接料输送到注射帽凹形边缘，使用专用工具清理干净，以便于与注射枪更好地结合，使用铁锤，把已清理的注射帽敲入焊接料输送管内（图9-10）。

图9-10　安装注射帽

要求注射帽与焊接料输送管紧密结合，不能松动，否则更换焊接料输送管。

9.4.9　表面封堵（反射裂缝）

为了防止裂缝焊接料从裂缝表面冒出，采用专门设计加工的封堵板将路面表面裂缝口封住，保证裂缝焊接料在高压下不上冒。

9.4.10　焊接

按照设计或现场确定的焊接料输送量进行注射焊接料。使用夹具把注射枪与注射帽夹牢，配比仪按照配比通过输料管道分别把两种高分子材料路面裂缝焊接料或非拌和微粒式双组份高分子混凝土裂缝焊接料预聚体材料输送到注射枪口，两种预聚体材料在注射枪口处混合，通过焊接料输送管输送到裂缝病害处。两种材料迅速发生化学反应后，体积膨胀固化，达到填充裂缝空隙的效果，并能处理因裂缝产生的局部松散或裂缝处的局部基层脱空，快速处治路面裂缝病害。

焊接料输送到设计输入量后，要求立即关闭注射枪保险，等待15s以后，才能分离注射枪和注射帽。

9.4.11　补焊（反射裂缝）

焊接完毕后，拆掉路面表面的封堵板，由于裂缝的不规则和不均匀，难免会出现局部裂缝表面焊接料填充不饱满，这时要进行补焊。补焊时手持喷枪，枪嘴紧贴路面裂缝，打开输出开关，将焊接料均匀压入裂缝，焊接速度0.8m/min。

9.4.12　裂缝表面修整（反射裂缝）

补焊结束后，对施工后的表面进行简单的修整，保证裂缝两端连接平顺，裂缝两端高差满足设计要求，整体平整度合格。

9.4.13 封孔

为防止雨水侵蚀,破坏路面,并保持路面的整体形象,使用道路密封胶把焊接料输送孔封住(图 9-11)。使用密封胶时,需对其加热,并且温度控制在 210℃以下。灌注密封胶时,要使密封胶与路面平或略低于路面,如果高出路面,使用工具将其整平。

图 9-11 封孔

9.4.14 路面清理

使用铁刷,对焊接料输送孔及污染路面进行处理,并用扫帚对施工作业区进行清扫,再使用吹风机进行清理。使用湿抹布,对排除泥水处进行清理,最后把路面污染处进行处理。

9.4.15 质量检测

采用雷达无损检测结合取芯检测,对于不满足施工质量要求的返工或补注,直到达到要求为止。

9.5 无痕热焊接施工工艺

半刚性基层路面裂缝热焊接施工工艺流程图见图 9-12。

步骤 1:探测。利用探地雷达,检测半刚性基层和沥青面层裂缝的位置、深度和宽度,并记录。

步骤 2:选料。根据步骤 1 探测得到的裂缝的宽度,确定要使用的集料的料径,其中裂缝宽度大于 5mm 的采用料径为 0.5 ~ 3mm 的集料制备的路面裂缝焊接料,裂缝宽度小于 5mm 的采用高分子材料或料径为 0 ~ 0.5mm 的集料制备的路面裂缝焊接料。

步骤 3:清扫。首先用扫帚将有裂缝的路面清扫干净,然后用森林灭火器将裂缝表面吹干净。

步骤 4:打孔。用冲击钻在步骤 3 完成后的裂缝位置打孔直至裂缝底部,控制孔间距为 1m、孔径为 2cm。

步骤 5:焊接。将步骤 2 选料中选取的路面反射裂缝焊接料送入路面裂缝焊接设备,使路面裂缝焊接设备的喷嘴插入步骤 4 打孔后的孔内,将焊接料通过孔均匀压入裂缝内,在焊接的过程中,控制输出压力为 6MPa;焊接料输出量为 8kg/min。

步骤 6:标定作业范围。完成步骤 5 后,根据步骤 1 探测得到的裂缝结果,沿裂缝两边 50cm 左右标定加热范围。

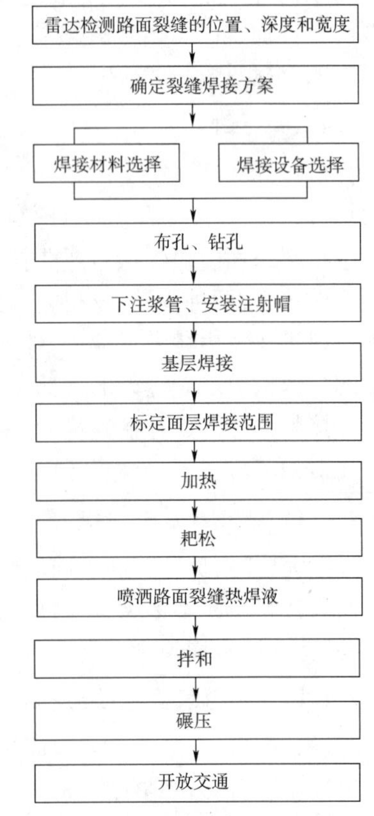

图 9-12 半刚性基层路面裂缝热焊接施工工艺

步骤7:加热。利用微波加热、红外加热、电加热、燃气加热、燃油加热等方式,使用专用的热焊接设备,对步骤6标定的加热范围加热,加热深度至设计值或至沥青面层。

步骤8:耙松。使用专用的热焊接设备,对步骤7加热的部位进行耙松。

步骤9:喷洒路面裂缝热焊液。在步骤8耙松的部位喷洒路面裂缝热焊液。

步骤10:拌和。使用专用的热焊接设备,对步骤9喷洒路面裂缝热焊液的部位进行就地拌和。

步骤11:碾压。使用8~12t的双钢轮振动压路机,在步骤10完成的部位碾压3~5遍。

步骤12:检测。采用雷达无损检测与取芯检测相结合的方式,对步骤11焊接后的裂缝进行检测。

9.6　无痕冷焊接施工工艺

半刚性基层路面裂缝冷焊接施工工艺流程图见图9-13。

步骤1:探测。利用探地雷达,检测半刚性基层和沥青面层裂缝的位置、深度和宽度,并记录。

步骤2:选料。根据步骤1探测得到的裂缝的宽度,确定要使用的集料的料径,其中裂缝宽度大于5 mm的采用料径为0.5~3mm的集料制备的路面裂缝焊接料,裂缝宽度小于5mm的采用高分子材料或料径为0~0.5mm的集料制备的路面裂缝焊接料。

步骤3:清扫。首先用扫帚将有裂缝的路面清扫干净,然后用森林灭火器将裂缝表面吹干净。

步骤4:打孔。用冲击钻在步骤3完成后的裂缝位置打孔直至裂缝底部,控制孔间距为1m、孔径为2cm。

步骤5:焊接。将步骤2选料中得到的路面反射裂缝焊接料送入路面裂缝焊接设备,使路面裂缝焊接设备的喷嘴插入步骤5打孔后的孔内,将焊接料通过孔均匀压入裂缝内,在焊接的过程中,控制输出压力为6MPa;焊接料输出量为8kg/min。

步骤6:标定作业范围。完成步骤5后,根据步骤1探测得到的裂缝结果,沿裂缝两边50cm左右标定作业范围。

步骤7:喷洒路面裂缝冷焊液。在步骤6标定的作业范围,喷洒路面裂缝冷焊液,路面裂缝冷焊液喷洒量约为2kg/m^2。

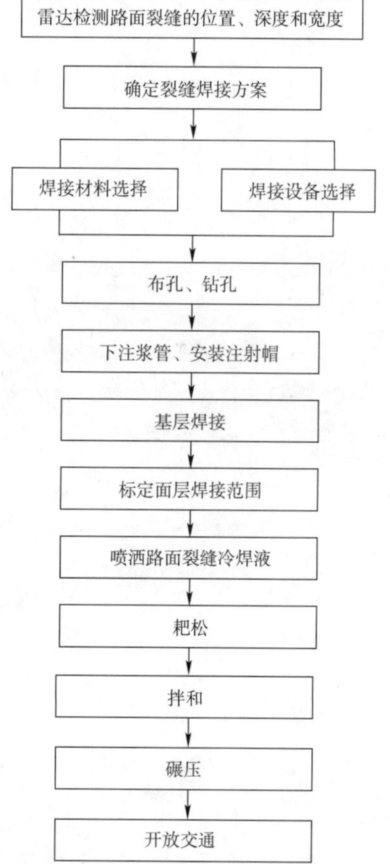

图9-13　半刚性基层路面裂缝冷焊接施工工艺

步骤8:耙松。路面裂缝冷焊液喷洒约20min后,使用专用的冷焊接设备,对步骤7喷洒路面裂缝冷焊液的部位进行耙松。

步骤9:拌和。使用专用的冷焊接设备,对步骤8耙松的部位进行就地拌和。

步骤10:碾压。使用8~12t的双钢轮振动压路机,碾压3~5遍。

步骤11:检测。采用雷达无损检测与取芯检测相结合的方式,对步骤10焊接后的裂缝进行检测。

对于冷焊接,通过喷洒高效冷焊液(高效冷焊液能快速溶化喷洒部位一定深度的裂缝),可以省去耙松和拌和步骤,在喷洒冷焊液约20min后直接碾压。

第10章　裂缝焊接施工质量控制与检测

10.1　施工过程质量控制

10.1.1　原材料检测

裂缝焊接材料应符合设计要求或产品标准。

10.1.2　焊接料输送孔

焊接料输送孔间距、钻孔深度和孔径根据设计要求控制，一般情况下，要求钻孔垂直，孔位误差不大于0.05m，钻孔深度不能小于设计深度。

10.1.3　焊接料输送压力

焊接料输送压力根据工程设计和实际调整，一般控制在5～7MPa。

10.1.4　裂缝焊接效果

(1)裂缝焊接处理后，焊接料要充分填充裂缝间隙，采用雷达无损检测结合取芯验证。

(2)裂缝焊接处理后，裂缝表面应保证焊接料填充饱满，保证裂缝两端连接平顺，裂缝两端高差满足设计要求。

(3)裂缝焊接处理后，要保证裂缝位置整体平整度合格。

(4)使用密封胶封焊接料输送孔时，要使密封胶与路面平或略低于路面，如果高出路面，使用工具将其整平。

10.2　质量检测

裂缝焊接施工中及施工后，参照下列方法进行质量检测。

(1)取芯检测。通过取芯观察裂缝焊接效果，并对基层芯样进行无侧限抗压强度试验，对沥青面层芯样进行劈裂强度及稳定度、流值试验。

(2)雷达无损检测。通过地质雷达，检测裂缝焊接料填充裂缝的密实程度。

(3)渗水试验。在裂缝焊接处进行渗水试验，检测裂缝焊接效果。

10.3　质量验收

裂缝焊接质量检测及验收应符合表10-1的规定。

裂缝焊接质量检测及验收要求 表10-1

<table>
<tr><th colspan="3">项 目</th><th>规定值及允许偏差</th><th>检 验 频 率</th><th>方 法</th></tr>
<tr><td colspan="3">表观质量</td><td>焊接料表面分布均匀,行车2周后无明显痕迹,裂缝两端连接平顺</td><td>每道缝</td><td>目测</td></tr>
<tr><td rowspan="5">取芯</td><td rowspan="2">基层</td><td>抗压强度</td><td rowspan="5">满足合同规定或设计要求</td><td rowspan="5">每5道缝
1个芯</td><td></td></tr>
<tr><td>劈裂强度</td><td></td></tr>
<tr><td rowspan="3">沥青面层</td><td>劈裂强度</td><td></td></tr>
<tr><td>稳定度</td><td></td></tr>
<tr><td>流值</td><td></td></tr>
<tr><td colspan="3">平整度</td><td>2mm</td><td>每道缝3点</td><td></td></tr>
<tr><td colspan="3">渗水系数(mL/min)</td><td>≤80</td><td>每道缝3点</td><td></td></tr>
<tr><td colspan="3">雷达检测</td><td>无质量缺陷</td><td>每道缝</td><td></td></tr>
</table>

第11章　裂缝焊接技术应用

11.1　裂缝焊接技术适用范围

路面裂缝焊接技术适用范围广，可应用于各种公路、城市道路的养护工程，对于高速公路，可适用于：

(1)高速公路沥青路面严重的网裂、龟裂裂缝。

(2)高速公路沥青路面下面的基层完好的沥青面层裂缝。

(3)高速公路半刚性基层沥青路面贯穿沥青面层和基层的反射裂缝。

(4)高速公路路面任何结构层位的隐性裂缝。

11.2　裂缝焊接技术应用

裂缝焊接技术已在许昌—平顶山—南阳高速及连霍高速郑州段试用，通过现场取芯验证取得了良好的效果，有效地阻止了外界雨水的进入，通过一段时间的观察，裂缝没有进一步的发展。

目前，裂缝焊接技术已在江西赣—粤高速、安徽合—六—叶高速、湖南长沙环城高速应用，取得了满意的效果，得到了业主的肯定。

图11-1~图11-15为部分现场施工照片。

a)

b)

图11-1　探地雷达进行检测路面裂缝

图11-2　高压路面裂缝焊接机

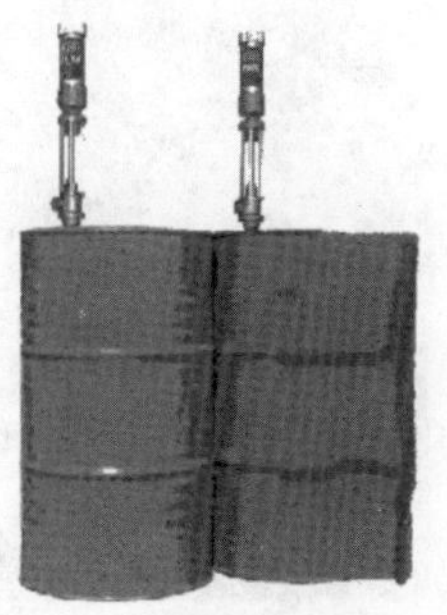

图11-3　配制路面裂缝焊接料

图 11-4　焊接料输送孔布置

图 11-5　打孔

图 11-6　输送焊接料

图 11-7　基层焊接

图 11-8　施工后表面

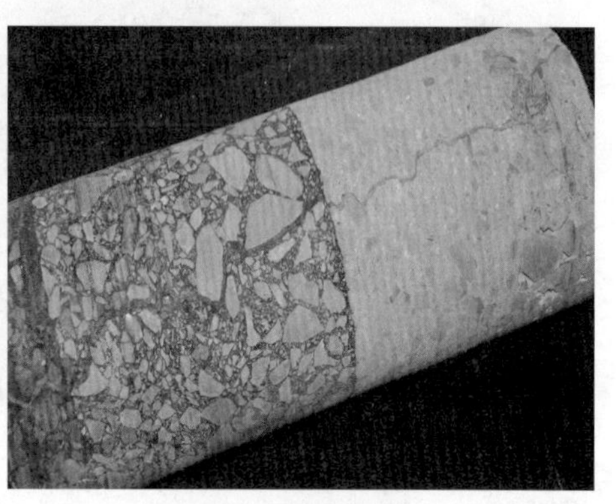

图 11-9　反射裂缝焊接(窄缝)

图 11-10　环氧类焊接材料

图 11-11　聚氨酯类焊接材料

a)

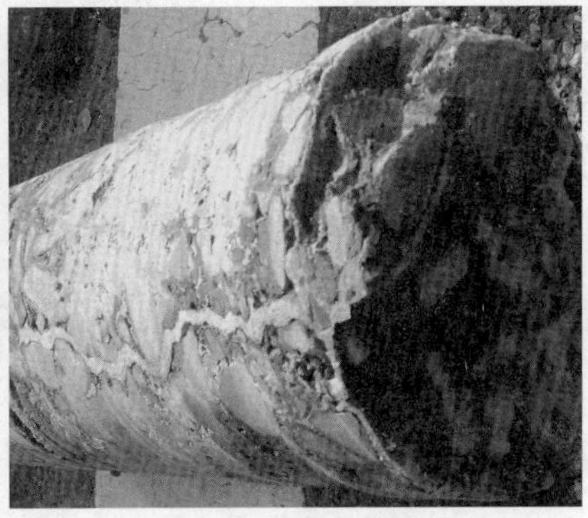

b)

图 11-12　裂缝焊接料进入层间

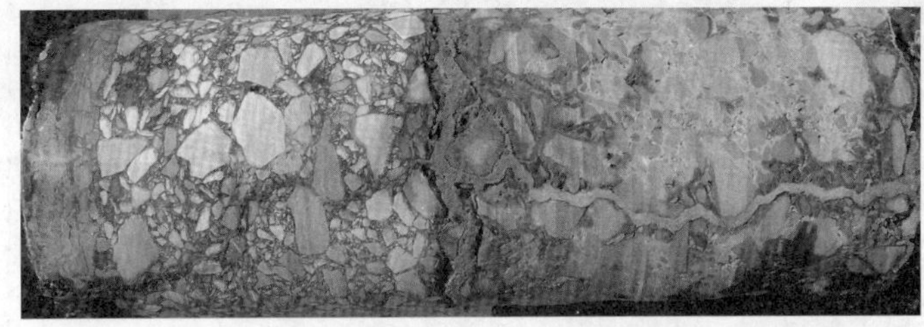

图 11-13　安徽合—六—叶试验

图 11-14　安徽现场演示会

图 11-15　裂缝焊接技术交流会

下面是许昌—平顶山—南阳高速公路裂缝焊接取芯检测数据。

(1)基层无侧限抗压强度(MPa)

4.6;4.2;5.1;6.1;4.3;5.6;3.7;5.5

(2)沥青面层稳定度和流值

稳定度(kN):8.1;9.5;8.3;10.6;8.8;9.2

流值(mm):4.2;1.7;3.8;1.6 ;2.9;2.2

裂缝经处理后,取芯结果显示,基层和面层的检测指标均满足设计要求(图 11-16、图11-17)。

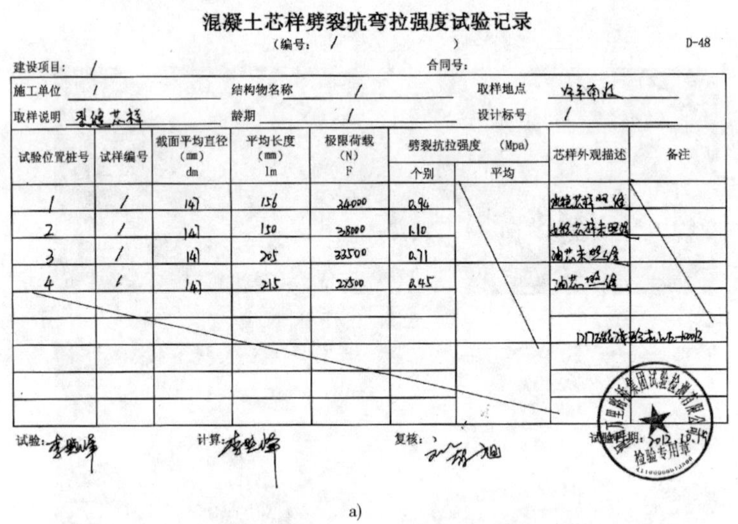

混凝土芯样劈裂抗弯拉强度试验记录

(编号： /) D-48

建设项目： / 合同号：

施工单位 / 结构物名称 / 取样地点 许平南段

取样说明 裂缝芯样 龄期 / 设计标号 /

试验位置桩号	试样编号	截面平均直径 (mm) dm	平均长度 (mm) lm	极限荷载 (N) F	劈裂抗拉强度 (Mpa) 个别	劈裂抗拉强度 (Mpa) 平均	芯样外观描述	备注
1	/	147	156	34000	0.94		水稳芯样咬缝	
2	/	147	150	38000	1.10		水稳芯样未咬缝	
3	/	147	205	33500	0.71		油芯未咬缝	
4	/	147	215	27500	0.45		油芯咬缝	
							DT万能试验机WE-1000B	

试验：李晓峰 计算：李晓峰 复核：刘新旭 试验日期：2012.10.15

检验专用章

a)

混凝土芯样劈裂抗弯拉强度试验记录

(编号： /) D-48

建设项目： / 合同号：

施工单位 / 结构物名称 / 取样地点 许平南段

取样说明 无缝芯样 龄期 / 设计标号 /

试验位置桩号	试样编号	截面平均直径 (mm) dm	平均长度 (mm) lm	极限荷载 (N) F	劈裂抗拉强度 (Mpa) 个别	劈裂抗拉强度 (Mpa) 平均	芯样外观描述	备注
/	1	149	305	45000	0.63		无缝水稳芯	
/	2	149	268	41000	0.75		无缝水稳芯	
/	3	149	254	26500	0.45		无缝油芯	
/	4	149	231	20000	0.37		无缝油芯	
							DT万能试验机 WE-1000B	

试验：李晓峰 计算：李晓峰 复核：刘新旭 试验日期：2012.10.22

检验专用章

b)

图 11-16 劈裂试验

水泥稳定碎石现场取芯轴心抗压强度试验记录

（编号：　/　）　　　　试表3-14

建设项目：　/

施工单位	/	结构物名称	/	取样地点	[illegible]
取样说明	[illegible]	试件尺寸	/	设计强度	/

试验位置桩号	试样编号	截面平均直径（mm）dm	平均长度（mm）lm	极限荷载（N）F	无侧限抗压拉强度R_C（Mpa）	芯样外观描述	龄期	备注
/	1	150	105	11000	6.2	均匀密实		水稳裂缝芯样
/	2	150	107	93000	5.3	均匀密实		水稳裂缝芯样
/	3	150	105	85000	4.8	均匀密实		油裂缝芯样
/	4	150	108	72000	4.1	均匀密实		油裂缝芯样

试验：[illegible]　　计算：[illegible]　　复核：[illegible]　　试验日期：2012.9

检验专用章

图 11-17　无侧限抗压强度试验

11.3　存在问题及努力方向

尽管裂缝焊接理念先进，但前面介绍的路面焊接技术只是“焊接”的雏形，离理想中的“焊接”还有很长的路要走。裂缝焊接与金属焊接差距较大，金属焊接诞生几十年甚至近百年，而裂缝焊接的概念才刚刚提出，不要用金属焊接的标准要求裂缝焊接。

11.3.1　当前路面裂缝焊接存在的问题

（1）采用高分子材料作为焊接料，施工技术和施工工艺基本成熟，但是，采用非拌和高分子混凝土作为焊接料，施工中还存在集料分布不均匀的问题。

（2）高分子材料价格很高，所以裂缝焊接施工成本偏高。

（3）工艺复杂、施工速度慢。

（4）焊接设备与非拌和高分子混凝土焊接料的匹配尚需改进和完善。

（5）裂缝焊接料种类偏少。

11.3.2　努力方向

（1）进一步完善裂缝检测技术，达到真正的 B 超效果。

（2）开发新的裂缝焊接料，以丰富裂缝焊接料的种类和降低材料成本。

（3）改进和完善裂缝焊接设备。

（4）开发新的裂缝焊接技术。

（5）制定裂缝焊接施工技术标准和裂缝焊接料产品标准。

参考文献

[1] 张红春. 骨架密实路面理论及配套施工技术[M]. 北京:人民交通出版社,2010.

[2] 张红春. 高速公路路面裂缝焊接技术研究[J]. 筑路机械及施工机械化,2012. 9(29):32-36.

[3] 张红春. 高速公路路面裂缝焊接施工工艺[J]. 筑路机械与施工机械化,2012(9):22-26.

[4] 徐作庆,彭荣贵. 高速公路路面裂缝焊接材料及设备[J]. 筑路机械与施工机械化,2012(9):27-31.

[5] 张红春. 高速公路路面裂缝检测技术应用[J]. 筑路机械与施工机械化,2013(8):35-38.

[6] 李修忠. 地质雷达检测道路路面裂缝方法研究[J]. 筑路机械与施工机械化,2013(8):39-47.

[7] 张红春. 高速公路路面裂缝焊接材料及设备[J]. 公路交通科技(专刊),2012(6).

[8] 陆基孟. 地震勘探原理[M]. 石油大学出版社,1996.

[9] 王秉中. 计算电磁学[J]. 科学出版社,2002.

[10] 葛德彪,闫玉波. 电磁波时域有限差分法[M]. 西安电子科技大学出版社,2002.

[11] 何兵寿. FDTD 法在地质雷达正演模拟中的应用[J]. 中国煤田地质,1999(4):81-83.

[12] 孙红星,康永华,等. 有耗介质探地雷达传播衰减特性的研究[J]. 工程地质学报,1999,7(4):344-348.

[13] Q. TRUSTEDT, VERSCHUUR D J. Aspects of focusing operator updating: 68th Ann. Internat. Mtg. Soc. Expl[J]. Geophys. Expanded Abstracts, 1998:1604-1607.

[14] 王惠濂. 利用物理模拟和异常识别的成果进行异常识别[J]. 地球物理学报,1993,43(6):95-263.

[15] 张红春, 李小重,侯建军. 平原区高速公路新技术应用与管理实践[M]. 北京:人民交通出版社,2006.